I0413371

HOEZO
DISCRIMINATIE?

William Anthony

HOEZO

DISCRIMINATIE?

ISBN-13: 978-1496045034 (CreateSpace-Assigned)
ISBN-10: 1496045033

© 2003

Niets uit deze uitgave mag worden verveelvoudigd en/of openbaargemaakt door middel van druk, fotokopie, microfilm of op welke andere wijze dan ook, zonder voorafgaande schriftelijke toestemming van de auteur.

<u>HOEZO</u>

<u>DISCRIMINATIE?</u>

TOEGEWIJD AAN:

Mijn behept zijn met zodanige eigenschappen van karakter, geest en gemoed.

INHOUDSOPGAVE

TER INLEIDING

Dit verhaal is geschreven vanuit mijn artistieke en creatieve eigenschappen. Per definitie is het niet wat je noemt een 'leuk verhaal'. Want het gaat over discriminatie; en wel een vorm van discriminatie waarvan we graag zouden willen dat die in Nederland niet meer bestond – maar in ons hart weten we beter. Ik heb het aan de lijve ondervonden hoe die nog altijd werkt. En dat heb ik beschreven in dit boek.

Het verhaal speelt zich af binnen de wereld van een Amsterdams overheidsbedrijf in de periode 1988 – 1993, het GVB (Gemeentevervoerbedrijf). Wat ik schrijf is item voor item gebaseerd op rapporten, brieven, processtukken en andere documenten.

Zo zorgvuldig mogelijk geef ik de toedracht van de klacht aan, hoe het GVB met de uitspraak is omgegaan, op welke wijze meende zij de discriminatiebehandeling op te gaan lossen na de eerste aanzegging van ontslag, wat de rechter heeft gezegd van de tweede ontslagbericht en hoe de derde ontslagbesluit uit de functie van ambtenaar tóch van de grond is gekomen. Volgens de rechtbank lag het aan de ongunstige omstandigheden waarin ik me bevond.

De civiele arbeidsovereenkomst komt ook ter sprake. Deze bestond naast de vaste aanstelling. In 2010 heb ik dit bij de kantonrechter aangekaart.

Om redenen van privacy worden een aantal mensen niet opgevoerd onder hun eigen naam; zij hebben een pseudoniem gekregen.

1. WORD JIJ EEN VAN ONS?

Er was een grootscheepse wervingscampagne gaande voor metrocontroleurs. "Word jij een van onze 100 nieuwe collega wagenbegeleiders m/v?" Ik reisde vaak met de metro en zag hoe de controleurs hun werk deden. Het leek me een leuke baan, dus reageerde ik op die advertentie.

Ik werd van harte uitgenodigd aanwezig te zijn op een informatieavond over de functie "wagenbegeleider(ster)" op maandag 11 januari 1988. Die avond werd met onder meer een diaserie aandacht besteed aan een aantal onderwerpen. Zoals het Gemeentevervoerbedrijf als werkgever, de inhoud van de functie en de opleiding.

Aandachtig zat ik te luisteren en te kijken. De aanwezigheid van een licht getinte vrouw in mijn omgeving viel me op. Zij was degene bij wie ik moest zijn om me aan te melden, zo bleek. Ik was haar eerder tegengekomen op de Vrije Universiteit, waar de studiebijeenkomsten van de Open Universiteit werden gehouden. Na een paar colleges was ze echter niet meer verschenen. Pas later kwam ik erachter dat ze bij de metro op de afdeling Personeelszaken werkte en dat ze Tanja heette. Op de informatieavond maakte ik met haar een afspraak voor een sollicitatiegesprek. Dit werd gehouden op 14 januari 1988. Ik moest een aantal documenten meenemen, waaronder diploma's, getuigschriften en andere verklaringen.

DISCRIMINATIE?

Achteraf bezien was het wellicht niet zo verstandig van me om tijdens dat gesprek te vertellen dat ik bezig was met een cursus Nederlands Recht. Degene die de selectie deed leek daar niet zo gelukkig mee, want hij zei: "Ergens moeten we het afbakenen." Hij vond dat het beter zou zijn als ik alleen maar door zou gaan met mijn studie. "Ik studeer zelf arbeidsrecht," zei hij nog. Iemand van de leiding van het GVB, die erbij zat, zei niets. Het gesprek duurde ongeveer 45 minuten en zoals gebruikelijk eindigde het met: "Je hoort van ons." Ik verliet het zaaltje. Voordat ik de trap af ging kwam de selectie-man achter mij aan lopen. Hij zei iets in de trant van: "Je moet het niet doen. Deze mensen zijn..." Daar bleef het bij. Bij mij rees echter het vermoeden dat men mij eigenlijk uit de sollicitatie-procedure wilde halen of mij aan het twijfelen wilde brengen.

Enkele dagen later kreeg ik een oproep voor een medisch onderzoek op maandag 18 april 1988 bij de Bedrijfsgezondheidsdienst in het Amsterdamse Scheepvaarthuis, het hoofdkantoor van het GVB. Ik was ruim op tijd aanwezig en ging bij de afdeling Personeelszaken langs, waar ik een formulier kreeg waarop ik gegevens moest invullen die nodig waren voor het onderzoek. Tot zo ver ging alles goed en ik vermoedde niet dat mij een verrassing te wachten stond.

Mijn gehoor en gezichtsvermogen werden gecontroleerd. Alles was prima. Tot slot zou ik door de keuringsarts worden onderzocht. Toen ik zijn kamer binnenging zag ik niet meteen wie hij was. Ik deed mijn kleren uit, met uitzondering van het ondergoed, en ging op een bed zitten. De arts gaf een paar tikken op mijn knieën en zei toen: "Hoe gaat het met Onno?"

Ik ging rechtop zitten en dacht: "Wie is dit ook weer?" Meteen daarop wist ik het. Voor mij was het een aangename verrassing, maar voor hém kennelijk niet. Zijn lichaamstaal sprak wat dat betreft boekdelen.

Het was Peter. Een paar weken geleden was ik eens samen met Onno bij hem thuis geweest. Dat bezoek had overigens niet lang geduurd. Voordat we goed en wel binnen waren werden we alweer de deur uitgewerkt. Onno en Peter kenden elkaar; Peter speelde mee in een travestie-act in Onno's "Antonie Theater". In ieder geval hadden we een gemeenschappelijke kennis, dus met die keuring zat het wel snor, dacht ik zo.

"Doe je aan sport?" vroeg hij.

Ik zei: "Nee."

"Ongezond," zei hij. Dat voelde een beetje als een koude douche.

Ik diende ook nog een psychologisch onderzoek te ondergaan. Dat was de volgende dag, 15 januari. De selectieman was er zeer opvallend bij aanwezig. Vlak voordat het onderzoek begon vroeg hij of ik me niet wilde terugtrekken uit de sollicitatieprocedure. Maar daar had ik geen enkele reden voor en dat liet ik hem duidelijk merken. Ik leefde van een WW-uitkering en had nog een paar maanden te gaan voordat ik in de Bijstand zou belanden. Dat was wat ik wilde voorkomen. Niet zozeer omdat ik van een smallere beurs zou moeten leven, maar het idee op zich zat me niet lekker. Dus waarom zou ik me door deze man laten

ontmoedigen? Ik liet me dus testen.

Na het onderzoek had ik nog een gesprek met iemand van de

leiding. "Je hebt het dus toch gedaan hè," zei de selecteur. Maar

ik kon doorgaan in de procedure.

Op 19 januari 1988 werd aan het GVB schriftelijk verslag

uitgebracht over het psychologisch onderzoek. Het resultaat viel

voor mij helemaal niet zo slecht uit. "Zijn verstandelijke

capaciteiten zijn toereikend voor de functie," vond de psycholoog.

Desalniettemin schreef hij ook, dat ik niet volledig aan de eisen

voor de functie voldeed en enigszins tekortschoot in het

verwerken van spanningen. Let wel: "enigszins".

De selecteur – hij bleek Ton te heten - belde me dezelfde dag

nog met de mededeling dat de arts me had afgekeurd omdat

volgens hem in de toekomst problemen te verwachten zouden

zijn. Ik wilde natuurlijk weten wat voor problemen, verband

houdend met mijn gezondheid, dat dan wel waren. Maar daarop

kreeg ik geen antwoord.

Ik liet het er niet bij zitten en schreef dezelfde dag een brief aan

het GVB, waarin ik bezwaar aantekende tegen de mondelinge

afwijzing.

Was dit het begin van een treitercampagne, vroeg ik me af.

Voelde de selecteur zich op de tenen getrapt? Wilde hij hoe dan

ook gelijk krijgen?

Het waren vragen die waarschijnlijk onbeantwoord zouden

blijven. Maar ik zat er wél mee. Want mogelijk had iemand bij

het GVB zich behoorlijk gekrenkt gevoeld.

Personeel van de Amsterdamse metro in vergadering bijeen. Er dreigden donderdag opnieuw acties, nadat er woensdagavond was ingebroken in twee ruimtes waar kaartjes voor de metro werden verkocht. Foto Bert Verhoeff

Figuur 1.

2. ZWARTMAKERIJ

Ik kreeg ten slotte een jaarcontract. Maar ik moest daar wel de nodige moeite voor doen – zoals het schrijven van dat bezwaarschrift tegen mijn telefonische afwijzing. Hierin liet ik het GVB weten dat de afwijzing in strijd was met de algemene beginselen van behoorlijk bestuur. Dat ik een rechtenstudie volgde kon niet zodanig van invloed zijn op toekomstige collega's, dat het hun belangen of die van de gemeente zou kunnen schaden. Het ten grondslag gelegde argument beschouwde ik dan ook als een inbreuk op het motiveringsbeginsel.

Later zag ik mijn personeelsdossier dat de chef Wagenbegeleiders mijn brief op 19 januari 1988 had behandeld. Dat er inderdááad geen gegronde reden was om de sollicitatieprocedure met mij af te breken, viel te concluderen uit een schrijven waarin stond dat ik met ingang van 18 april 1988 in dienst kon treden van het Gemeentevervoerbedrijf.

Die dag was ik tijdig, om 08.30 uur, aanwezig in het Scheepvaarthuis. De arbeidsovereenkomst was reeds op 12 april namens de burgemeester van Amsterdam getekend. Er waren alleen nog enkele formaliteiten nodig. Zoals het maken van een foto voor een pasje en het ophalen van sleutels. De dag daarna begon de opleiding Bijzonder Opsporingsambtenaar Wet personenvervoer in de functie van kaartcontroleur. Ik rondde de opleiding, die ongeveer 7 weken duurde, met goed gevolg af.

DISCRIMINATIE?

Dit alles was onderdeel van een project om de veiligheid in tram en metro te bevorderen, informatie te verschaffen aan passagiers en te controleren op plaatsbewijzen. Veiligheid, informatie, controle: het VIC-project. Daarbij lag het accent echter voornamelijk op het terugdringen van het zwartrijden. Voor de afwisseling kwam er nog een taak bij: vervoersbewijzen verkopen en toezicht houden op de stations.

Ondanks de perikelen rond mijn aanstelling begon alles goed. Na het volgen van nog een andere opleiding was ik ook inzetbaar op de metrostations. Toen alles rond was kreeg ik de "beschikking houdende aanwijzing van een opsporingsambtenaar". Mijn beëdiging volgde in juli 1988 in het kantongerecht aan de Parnassusweg in Amsterdam. Ik was nu VIC'er – zo noemden wij ons.

Kort daarop was er een vacature voor de functie van metrobestuurder / stationbeambte. Ik solliciteerde maar werd afgewezen. De reden daarvan lag in het feit dat ik niet zou voldoen aan de in de kennisgeving gestelde eis van "een hoge mate van inzetbaarheid over een langere periode". Hoezo? Het was opnieuw zo'n ongefundeerd argument; van hetzelfde soort als bij mijn eerste sollicitatie. Want waaruit bleek dan wel dat ik over een langere periode niet in hoge mate inzetbaar zou zijn? Ik vond het echter beter om er verder maar geen aandacht aan te besteden. Aan een opgestoken vinger zou ik toch niets hebben. Ik was pas kort in dienst, kende de bedrijfscultuur nog niet en mijn arbeidsovereenkomst gold maar voor een jaar. Met andere woorden: het leek me dienstig om conflicten maar zo veel mogelijk te vermijden.

De zomer kwam eraan en het werd vakantietijd.

So far so good. Er heerste best wel een gezellige sfeer: met een hele groep aan het werk op de metro. Wij waren kersvers, dus we hadden er wel zin in. In onze blauwe pakken vertrokken we vanuit de basis op het Weesperplein in een stemming van "aanvallen".

Geen geldig vervoersbewijs hield in: een bekeuring. Ik heb er nogal wat naar eer en geweten uitgeschreven. In juli kreeg ik een zogeheten waarnemingsbriefje; een soort beoordeling. Alles was voldoende. Voor administratie kreeg ik zelfs een plus-voldoende. Ik was ontzettend blij met de baan en even dacht ik rustig verder te kunnen gaan met mijn rechtenstudie. Ondanks de drukte van het werk lukte het mij in april in ieder geval het tentamen over de Encyclopedie der Rechtsgeleerdheid te doen.

De andere modules lagen er nog en een rustige stationsdienst was heel geschikt om wat studiemateriaal door te nemen. De vraag was echter voor hoe lang. Een aantal collega's begon zich ervoor te interesseren. Sommigen hadden een of ander juridisch probleem en wilden daarover praten. Het waren mensen die langdurig werkloos waren geweest en nu via het VIC-project aan een baan waren geholpen. Maar vaak lag dat toch gevoelig, vooral wanneer er een aanknopingpunt was dat in verband gebracht kon worden met de positie van buitenlanders.

Actueel was een discussie over de komst van een zogeheten

Allochtonenoverleg. Het eerste onderwerp daarbij zou de opkomst zijn. In het kader van dit overleg zouden ook activiteiten worden ontwikkeld die gericht waren tegen racisme, discriminatie en achterstelling van allochtonen binnen het GVB. Met speciale campagnes en selectieprocedures kregen allochtonen een voorkeursbehandeling bij het werven van personeel. Ook "positieve actie" en "positieve discriminatie" genoemd. Vaak verdwenen de allochtonen ook snel weer; het zogeheten draaideureffect. Sommige collega's van autochtone afkomst bleken moeilijkheden met dat voorkeursbeleid te hebben. Anderen wilden niet in de categorie "allochtoon" ingedeeld worden, en omgekeerd. Onder 'allochtoon' verstaat het CBS: een in Nederland woonachtig persoon van wie ten minste één van de ouders in het buitenland is geboren.

Ik wilde geen verband leggen tussen de instelling van dat Allochtonenoverleg en de beschuldiging van een collega aan mijn adres. Het was mij niet duidelijk. Uit een brief van de ploegchef aan de chef Wagenbegeleiders blijkt dat die collega, Inge van Daalen, mij in een geniepig rapport betichtte van het seponeren van processen-verbaal van allochtonen, terwijl deze aan het zwartrijden waren. Het leek wel een gerichte aanval van die collega, want de volgende dag schreef ze nóg zo'n rapport.

Die rapporten gingen in een dossier dat geheim bleef. Ik mocht ze zelf niet lezen. En toen begon het gezeik. Amper een week later werd namelijk op verzoek van een aantal VIC'ers, aangevoerd door Ger Verdam, een vriend van Van Daalen, een

werkbespreking belegd in verband met mijn functioneren. De kern van het probleem bleek betrekking te hebben op het daadwerkelijk assisteren bij uit de hand lopende zaken tijdens het "code lopen". Verdam wilde weten of ik bereid was om zonodig te vechten. Daar was ik duidelijk in. Ik gaf aan dat ik me van iedere vorm van geweld distantieerde, in het bijzonder als dit geweld schijnbaar werd uitgelokt.

De ploegchef rapporteerde dit aan de chef Wagenbegeleiders en voegde eraan toe: "Tevens zou er sprake zijn van pardonneren van passagiers van etnische groeperingen, rapport Van Daalen 11 en 12 september '88. Ondanks de aantijgingen blijft dhr Anthony dienstvaardig, rustig en beheerst. De aan hem opgedragen werkzaamheden voert hij zonder tegenspraak en twijfel uit."

3. ALS HET JE NIET BEVALT…

Blijkbaar namen Verdam en zijn vrienden geen genoegen met het resultaat van het gesprek, want ze bleven doorgaan met hun aantijgingen. Van één hen kreeg ik te horen dat als het mij niet beviel, ik maar beter kon vertrekken. Ik voelde me in het nauw gedreven. In november zou mijn arbeidsovereenkomst tussentijds ontbonden worden. Ik zou dan in tijdelijke dienst worden aangesteld conform het ARA, het Ambtenarenreglement Amsterdam. Ik zou dan ambtenaar worden.

Door het gezeik van die collega's kwam mijn uitzicht op een vaste aanstelling bij de gemeente Amsterdam echter in gevaar. Herman de Beer, ploegchef Wagenbegeleiders, begon een beetje wanhopig te worden. Hij wist niet meer wat hij met de stroom klachten over mij aan moest. Op de steun van de medezeggenschapscommissie kon ik niet rekenen. Ik had dan ook geen andere keuze dan een beroep te doen op de vertrouwensvrouw, Maureen Vreede. Zij was van Surinaamse afkomst en door de adjunct-directeur, ook van Surinaams afkomst, aangesteld om racisme en discriminatie bij het GVB in kaart te brengen. Toen men hoorde dat de vertrouwensvrouw voor een gesprek zou komen hield het getreiter ineens op.

In oktober sprak de vertrouwensvrouw met de ploegchef en maakte een verslag van dat gesprek. "Nee, volgens mij is er geen sprake van 'discriminatie', misschien wel een verstoorde werkrelatie," meende de ploegchef. "Ik zal vanuit mijn eigen deskundigheid deze kwestie uitzoeken en verder begeleiden," beloofde hij. Hij ging verder: "De heer Anthony is een goede werknemer, maar hij sluit zich moeilijk aan bij anderen. Als er iets is voorgevallen denkt hij er te lang over na. Hij zal zich moeten aanpassen. Ook het feit dat hij van een collega moest horen dat 'als het hem niet bevalt, hij maar beter kan vertrekken' zal rechtgetrokken worden." De vertrouwensvrouw: "Was het gesprek met de groep bevredigend?" De ploegchef: "Het is inderdaad zo dat het gesprek met de hele groep niet bevredigend is geweest en ik zal erop terugkomen."

De vertrouwensvrouw sprak de hoop uit op een goede afloop. Ze zou het vervolg van de aanpak en eventuele oplossingen van de ploegchef verwachtingsvol tegemoet zien. Hier zouden de leidinggevenden wel niet al te blij mee zijn, dacht ik. Maar ik moest toch érgens hulp zien te vinden.

Er was een heftige periode op komst. Steeds vaker werd ingebroken in de ruimtes waar we de kaartjes voor de metro verkochten. Aangezien we ook 's avonds onderweg waren met contant geld en strippenkaarten kwam het gevaar om overvallen worden dichterbij. De directie van het GVB besloot de kaartverkoop in de metrostations tijdelijk stop te zetten, ook al omdat acties van de vakbond dreigden. Het heeft in de Volkskrant van vrijdag 14 oktober 1988 gestaan: "Informatie bijeenkomst in het CVL (Centrale Verkeersleiding)-gebouw naar aanleiding van inbraken in metro stationsruimtes." En wie stond vooraan op de gepubliceerde foto? Ik!

Maar daarnaast was er ook nog de kwestie van de aanstelling tot wagenbegeleider. Wat zou het gaan worden? Voorlopige aanstelling? Vaste aanstelling? Beëindiging contract? Wie moest het veld ruimen? Want het was duidelijk dat voor sommige collega's die een jaar in dienst waren het doek zou vallen.

In november schreef de ploegchef aan de vertrouwensvrouw dat op dat moment wat mij betrof weinig of geen negatieve signalen meer waren vernomen. Maar die brief was de deur nog niet uit of er werd door de collega's weer een werkoverleg gehouden. Verdam kondigde aan dat hij een gesprek zou aanvragen met de leiding, waarbij hij mijn seksleven ter sprake wilde brengen. Dat zou volgens hem een slechte invloed op de ploeg hebben.

Ik meende dat die jongen zich beter kon bezighouden met de zaken die zich rond het werk afspeelden. Inbraken op metrostations, onschuldige collega's die werden overvallen, rancuneuze passagiers die niet schroomden een controleur in het gezicht te spuwen, en een paar vechtlustige collega's die te graag de beuk erin wilden gooien.

Dat soort zaken was mijns inziens belangrijker dan de nieuwsgierigheid over de vraag met wie het ik het bed deelde, met een man of met een vrouw, en over "hoe we het deden". Ik weigerde daarover openheid te geven. Een vrouwelijke collega had een lesbische relatie met een Antilliaanse meisje, dat ook regelmatig bij haar op het werk was. Als zij alles over hun relatie

15

wilden vertellen was dat hún zaak, vond ik. Ik had er geen behoefte aan uitgebreid over mijn privé leven te praten met collega's. Zeker niet wanneer ik het gevoel had dat ik daar min of meer toe gedwongen werd.

Het leek alsof Verdam vond dat hij aan één of meer mensen iets moest bewijzen. Maar wat? Zijn machoïsme? Het was zoiets van: "Ik ben hier de man." Zijn verzoek om een gesprek over mij werd door de ploegchef ingewilligd. Het werd gehouden in een ruimte op station Bullewijk. Dat het over mij zou gaan was duidelijk en dat Verdam zich niet op zijn gemak voelde was ook te merken. Hij durfde niet precies niet te zeggen wat zich volgens hem precies afspeelde. Na wat gedraai en gegrom zei hij: "Ik wil naar ploeg 7." Dat was de ploeg waar zijn vrienden in zaten; onder andere Van Daalen. "Ik voel dat ik beter in die ploeg pas," betoogde hij.

De ploegchef wees dat af: "Jij gaat niet naar ploeg 7 en ploeg 3 wordt ook geen afspiegeling daarvan. Hier wordt niemand als zondebok aangewezen." Verdam vertelde verder dat hij zich niet veilig voelde en vond dat hij uitgerust moest worden met een wapenstok en een vuurwapen om het werk naar behoren te kunnen uitvoeren. Hij wilde weten wat ik ervan vond en voor de zoveelste legde ik hem uit hoe ik over het gebruik van geweld in het openbaar vervoer dacht. Beetje bij beetje begon het gesprek op gang te komen. Een collega van Surinaamse afkomst, Laura Ferrier, die nog niet zo lang bij de ploeg was, begon te praten. Zij wilde aangeven hoe ik me bewoog en maakte daarbij overdreven vrouwelijke gebaren. "Ik wil niet 'zo' gezien worden door het publiek," zei ze. "Ik moet ook in dat apenpak lopen." De ploegchef hakte meteen op haar in en zei: "Ik moet dat apenpak óók dragen."

Verdam bleef intussen bij zijn bezwaren. "Ik heb er wel degelijk een probleem mee," zei hij.

4. RAPPORTJES, RAPPORTJES

Er was nog meer aan de hand. Vanuit ploeg 7 had men laten weten dat mijn ploeggenoten er moeite mee hadden dat ik steeds met mijn neus in de boeken zat. De mogelijkheid om jezelf te ontwikkelen was een van de Rechten van de Mens, bracht ik te berde. "Wat Rechten van de Mens?" zei Ger Verdam. "Wij hebben óók rechten." Daarmee bedoelde hij, dat naar zijn gevoel hij en zijn collega's te weinig rechtsbescherming kregen. Met andere woorden: het was ook voor de opsporingambtenaar oppassen.

Dat collega Yvonne Waalders mijn studie uit-de-hoogte-doenerij vond, was voor mij niet nieuw. Eerder al kwam ze met haar Surinaamse vriend op het station en deden ze beiden pogingen om bladzijden uit mijn wettenbundel te scheuren. Ik kon het voorkomen door voor de boeken te gaan staan en deze snel in een tas te stoppen. Er was sprake van dat de ploegchefs het Wetboek van Strafrecht in hun kantoor wilden hebben. Toen ik dat hoorde maakte ik nog een cynische opmerking: "Wat mij betreft kunnen ze een heel juridisch archief opzetten in dat kantoortje."

Na zijn lovende brief van twee maanden geleden schreef de ploegchef nu aan de chef Wagenbegeleiders, Jan Groen: "Begrip en acceptatie voor het standpunt van collega's, inzicht en aanpassingsvermogen is niet voldoende aanwezig. Doordat de heer Anthony blijft volharden in zijn gedrag, blijken de problemen grotendeels bij hemzelf te liggen."

Een draai van 180 graden.

Het begon mij duidelijk te worden waar de schoen wrong. Ik proefde jaloersheid. Maar mijn vermeende seksuele geaardheid bleef de grootste rol spelen. Ja, vermeend. Zelfs als het zo zou zijn ging het niemand iets aan. Dat vond ik. Daar werden allerlei opmerkingen over gemaakt. Ook vond ik in mijn postvak een erotische foto van een paar mannen met een erectie. Iemand had erop geschreven: "Welke wil je hebben?" Ik heb de foto bij de chef van dienst ingeleverd.

Van de ploegchef, De Beer, kon ik geen hoogte krijgen. De ene keer deed hij normaal tegen me, de andere keer deed hij alsof hij partij koos voor de Verdam en de zijnen. Enkele dagen na het gesprek op Bullewijk kreeg ik weer een waarnemingsbriefje. Motivatie, behandeling van plaatsbewijzen, houding ten aanzien van passagiers, houding tegenover collega's, uiterlijk en kleding; alles was weer voldoende. Ondanks de zo nu en dan gemaakte ongepaste opmerkingen leek het erop dat de rust was weergekeerd. Na de zware decembermaand voelde ik me in het begin van het nieuwe jaar opgelucht. Bijna iedereen deed vriendelijk. Of léék men alleen maar vriendelijk te doen..?

In ieder geval vond ik dat de draad weer opgepakt moest worden. Ik belde naar de rayon medezeggenschapscommissie (RMC) van de vakbond om de verkiezing van een ploegenvertegenwoordiger te organiseren. Die werd op 9 januari

1989 gehouden. Bij de stemming werd Verdam als ploegenvertegenwoordiger en secretaris van het werkoverleg gekozen en ik als reserve-ploegenvertegenwoordiger. Daarmee was ook voor ploeg 3 het reglementaire werkoverleg nieuw leven ingeblazen.

De hele maand januari ging het goed. Ook tussen Verdam en mij. Totdat ik begin februari ingedeeld werd met Waalders. Zij had er nog steeds moeite mee dat ik bezig was met een studie. Het werk werd op een gegeven moment weer eens onderbroken om naar binnen te gaan voor een gesprek. Enkel en alleen omdat ik een keer naar het toilet moest, waardoor een metrotrein gemist was. Zelfs wanneer ik op mijn mobieltje met iemand belde vond Waalders dat irritant. Ze voelde zich dan door mij genegeerd, zei ze. Ik probeerde haar uit te leggen dat wanneer zij met anderen over hun kinderen stond te praten ik me óók niet genegeerd voelde. Maar het gemekker bleef maar doorgaan. Een rapportje omdat ik even op de ambtenaren-mondfluit had geblazen; een rapportje omdat ik het eens te vol vond in de wagons om te kunnen controleren; een memo omdat ik een overwerkdeclaratieformulier had ingevuld voor een Allochtonenoverleg dat achteraf niet onder de definitie van dat overleg bleek te vallen; een memo over het feit dat Waalders niet "op code" wilde omdat ze bang ze was dat ik haar zou aanranden; een memo omdat ik volgens haar een zwakzinnige gepardonneerd zou hebben.

Waalders was zó dom dat ze niet eens wist hoe ze haar

instructies moest uitvoeren. En vóór we "op code" gingen begon ze al een keer te roepen dat ik haar zou gaan aanranden. De ploegchef kwam er haastig bij en zei: "Die zaak is voorbij. Je moet dit gewoon doen." Zij beweerde dat er nog iemand was die er hetzelfde over dacht. Maar niemand meldde zich.

Er gingen ook geruchten dat er flink geneukt zou worden in de ruimtes onder het metrostation op het Weesperplein. We zijn daar een keer op onderzoek geweest, maar konden er geen sporen van vinden. En om met Yvonne "op code" ongewenste intimiteiten te gaan hebben? Nou, nee. Als ze dat tenminste bedoelde.

De laatste maanden had ik alles gedaan om de gespannen situatie, die al veel te lang duurde, uit de wereld te helpen. Ik had nog een aantal hulpverleners binnen het bedrijf benaderd, maar dat baatte niet veel. Voor mij was de maat inmiddels vol en ik diende bij de vertrouwensvrouw een verzoek in om mijn zaak officieel te onderzoeken. Het hele gedoe begon intussen meer en meer zijn weerslag te krijgen in mijn beoordelingen. Ik werd daarin afgeschilderd als iemand die niet met anderen kon omgaan.

In maart 1989 had ik, vooruitlopend op de boordeling in mei, een functioneringsgesprek. In het verslag daarover waren de gebeurtenissen van de afgelopen maanden duidelijk terug te vinden. Maar voor mij werd het allemaal ónduidelijker en het werd mij ook te veel. Na afloop zette ik dan ook maar mijn

21

handtekening onder het betrokken formulier. Let wel: "voor gezien". Dat was wat ik ermee bedoelde. Later schreef sectorchef Jan Groen dat hij het onbegrijpelijk vond dat ik, die toch rechten studeerde, zonder enig nadenken of nalezen een verslag tekende "voor akkoord". Hij vergat dat we tijdens het functioneringsgesprek vooral gesproken hadden over oorzaken en niet zozeer over feiten. "Dat er eveneens aan de oorzaken gewerkt zal moeten worden is duidelijk." Dat stond er en dáár ging het over.

"Maar de feiten blijven," was achteraf de stelling van Groen. Terwijl ik in alle vertrouwen mijn handtekening op dat papiertje had gezet in de veronderstelling dat alles wel in orde zou komen.

Het was een sluwe zet van de sectorchef. Ondertekenen van het formulier hield volgens hem in dat je akkoord ging met wat er stond. Anders gezegd: het was voor mij slikken of stikken. Zo kon je dus iemand dwingen om zijn eigen vonnis te tekenen! Het was Groen kennelijk niet duidelijk dat als de omstandigheden niet veranderden ook de feiten niet zouden veranderen. Daar kwam nog bij dat niemand van de vakbondsleden in de medezeggenschapscommissie genoeg kennis van zaken had op het gebied van arbeidsconflicten. Ze zaten bovendien allemaal lekker in het zadel en hadden geen zin hun vingers te branden aan de kwestie.

De volgende beoordeling zou in ergens in oktober zijn en was bepalend voor mijn vaste aanstelling bij het Gemeentevervoerbedrijf Amsterdam. Uiteindelijk ging het wel om mijn baan, mijn broodwinning. Die kon ik me niet zo maar laten afnemen. Maar zoals het er nu uitzag maakte ik weinig kans om in oktober een bétere beoordeling te krijgen. Dat zou alleen mogelijk zijn wanneer iedereen bereid was om wat water bij de wijn te doen. Het Allochtonenoverleg was er toch om de belangen van allochtonen te behartigen? Dus ik daar naartoe. Er werd een gesprek georganiseerd. Afgesproken werd dat de voorzitter van het Allochtonenoverleg Metro als toehoorder aanwezig zou zijn.

Van de zijde van de beoordelaars werd allereerst een toelichting gegeven op de omstandigheden die ertoe hadden geleid dat sommige aspecten van mijn functioneren met "voldoet nog niet aan de eisen" gewaardeerd waren. Ook de klachten van de collega's kwamen uitvoerig aan de orde. De zogeheten waarnemingsbriefjes bleken plotseling niet meer van belang te zijn. Het waren "momentopnamen uit de praktijk", zo werd gezegd. Ze hadden niet genoeg zwaarte om de uiteindelijke beoordeling te kunnen beïnvloeden. Maar uit de papieren over andere collega's viel duidelijk op te maken dat ik nog moeite had met de interpretatie van mijn taken. Degene die dat zo formuleerde was mijn "oude vriend" Ton, de personeelsadviseur annex selecteur van de metro.

De beoordelaars kwam het vreemd voor dat ik in tweede instantie alsnog schriftelijk had geageerd tegen de inhoud van het functioneringsgesprek, terwijl ik voor akkoord had getekend. Ik maakte de betrokkenen duidelijk dat ik "voor gezien" had bedoeld en niet "voor akkoord", maar dat dit laatste blijkbaar de enige mogelijkheid was. De conclusie was ten slotte dat de beoordeling die was neergelegd in het functioneringsverslag niet gewijzigd zou worden. Ik kreeg een week de tijd om schriftelijk beargumenteerde bezwaren in te dienen.

5. ARGUMENTEN EN SIGNALEN

De volgende dag ging ik naar het kantoor van het Allochtonenoverleg in het Scheepvaarthuis, om te kijken hoe ze me daar konden helpen. Het kantoortje was naast dat van de centrale medezeggenschapscommissie, de CMC, en niet ver van dat van de vertrouwensvrouw. Het was niet de taak van de vertrouwensvrouw om in dit soort arbeidsconflicten te bemiddelen, dus had ik haar niet bij de zaak betrokken. Bovendien lag bij haar nog die klacht van mij, en die moest nog nader onderzocht worden. In het kantoor van het Allochtonenoverleg zat de coördinator al op mij te wachten. Het was Clay Voorland, een man van Antilliaanse afkomst die al jaren werkzaam was bij het GVB. Ik vertelde hem wat er aan de hand was en liet hem een paar brieven zien die ik bij me had. Zijn reactie was furieus. Hij greep de telefoon en belde de chef Wagenbegeleiders. Wat volgde was een stevige telefonische woordenwisseling.

De chef WBL kreeg te horen dat de tijd van racisme en discriminatie voorbij was: "Het is afgelopen. Basta!" Ik wist niet wat ik hoorde! De coördinator Allochtonenoverleg GVB ramde vervolgens een brief voor mij in elkaar: een beroepsschrift tegen de beoordeling. De brief stond bol van termen als "ik protesteer scherp", "ik bestrijd" en "ik eis". Ik ondertekende hem maar weer. Had ik iets te verliezen?

Maar de leiding van de metro ging niet akkoord met dit bezwaar. Ik kreeg te horen dat ik zelf een brief moest opstellen. Dat deed ik en op 25 juli 1989 werd deze brief besproken. Ik liet me bijstaan door een lid van de medezeggenschapscommissie. Maar meer dan de opmerking "bij dit bedrijf kunnen ze je maken en breken" leverde deze hulp niet op. Wel begon het mij meer en meer duidelijk te worden dat mijn vermoedens juist waren: dat men het speciaal op mij had gemunt, dat er wel degelijk sprake was van bepaalde vormen van discriminatie en dat de leiding mij – die in feite het slachtoffer van die discriminatie was – hoe dan ook tot zondebok wilde maken. Maar ja, in de beoordeling werden die zaken heel ánders geïnterpreteerd.

De beoordelaars constateerden echter wel "dat er iets aan de hand was". En dat werd ook schriftelijk vastgelegd. Waren ze objectief geweest, dan hadden ze niet alleen over de feiten gerept, maar ook over de oorzaken daarvan. Maar dat deden ze niet – en dat was jammer. Want we hadden eigenlijk dezelfde mening over wat er gaande was, maar konden het niet eens worden over wat daartegen gedaan moest worden.

Volgens de bedrijfsleiding konden we niet tot een oplossing komen omdat ik "de problemen nog niet geheel tot op de oorzaak begreep". Zat het allemaal dan zo diep bij mij, dat ik er zelf niet de vinger op kon leggen? Het was prematuur, vond de bedrijfsleiding, om het beestje nu al bij de naam te noemen. Er moest bijvoorbeeld nog gewacht worden op de uitspraak van de vertrouwenscommissie. **Nu zo maar dingen gaan roepen, zonder te wachten op de uitslag van de procedures die er voor dit soort zaken waren, zou alles alleen maar erger maken.**

De leiding verzekerde me dat serieus met argumenten en signalen zou worden omgegaan. Maar alle gesprekken, ook in de groep, zetten ten slotte geen zoden aan de dijk. Ook al omdat de leiding de gang van zaken tijdens deze gesprekken bepaalde. Waren er steekhoudende argumenten van mijn kant, dan was er ineens een "mindere mate van aandacht". De leiding werd daarop meer dan eens geattendeerd, onder meer door Maureen Vreede, de vertrouwensvrouw. De beoordelaars wezen er echter op, dat de door mij gegeven voorbeelden van dingen die zich hadden afgespeeld juist een bevestiging waren van het feit dat er sprake was van een "relatieconflict" dat uit de hand dreigde te lopen.

Maar ten slotte moest door de leiding van het GVB toch een realiteit erkend worden – hoewel dat gebeurde met enige tegenzin. Want men moest zich in het Scheepvaarthuis afvragen: wie zit erop te wachten beticht te worden van racisme en discriminatie? Want achterstelling in beroep of bedrijf, onder andere wegens ras, is volgens artikel 429 van het Wetboek van Strafrecht onwettig. Daarbij gaat het om overtredingen betreffende de openbare orde, in samenhang met nog enige andere wetten en internationale verdragen.

Er zat voor de leiding van het GVB dus niets anders op: er moest zo snel mogelijk naar passende oplossingen worden gezocht. Omdat diverse chefs en ook de chef WBL met vakantie waren werd besloten mij vooralsnog alleen te belasten met stationsdiensten. Men hoopte zo escalatie van de zaak te voorkomen. Een chef die wél nog in huis was zei me nog maar eens dat het moeilijk was "een grote groep mensen om te turnen".

Intussen bleef er verschil van mening bestaan over de interpretatie van de geconstateerde feiten. En met steeds meer nadruk werd vastgesteld dat sprake was van een "ernstig verstoorde arbeidsverhouding". De negatieve beoordeling over mij bleef ongewijzigd; de beoordelaars volhardden in hun ingenomen standpunten.

En ik, van mijn kant, bleef die beoordeling aanvechten.

Begin juli bracht ik de ploegchef en de chef VIC er schriftelijk van op de hoogte dat ondanks alle gesprekken in en met de ploeg de problemen bleven toenemen.

Dat liep dermate uit de hand dat de ene collega de andere probeerde over te halen om tegen mij een "blokkade" te vormen. Nieuwe collega's werden daarover op hun eerste dag al getipt. Een van die nieuwkomers werd op een gegeven moment door de vertrouwenscommissie als getuige gehoord. Hij had zich niet in de kwestie moeten mengen, kreeg hij te horen. Een ander vond het allemaal te veel van het goede en liet de vertrouwensvrouw weten dat tijdens een ziekenbezoek bij hem door de ploegchef en collega Verdam alleen maar gesproken was over de problemen die zogenaamd door de figuur Anthony veroorzaakt werden. De ploegchef zou toen onder meer gezegd hebben dat hij beschikte over vertrouwelijke gegevens over mij, die eventueel gebruikt zouden kunnen worden om sancties tegen mij te nemen.

Maar een andere collega schreef een verklaring waarin stond dat er niets mankeerde aan mijn houding in de metro en mijn manier van benaderen van passagiers. En ze durfde het zelfs aan om de nodige vraagtekens te zetten bij het optreden van sommige van haar collega's.

De problemen beperkten zich niet alleen tot de werkvloer. Verdam was zo brutaal om op een keer 's ochtends vroeg bij mij voor de deur te gaan staan wachten. Nou ja, dan zouden we maar samen naar het werk gaan. Maar vreemd was dat wel. Want hij woonde in de G-buurt van de Bijlmer en ik helemaal aan de andere kant. Om thuis te komen moest hij de metro richting Gaasperplas nemen, en ik de metro richting Gein. De tijd om bij mij voor de deur te gaan staan zou hij beter hebben kunnen gebruiken om eerder op het werk te zijn. Enfin, we zijn toen toch maar samen naar het GVB gegaan. Daar vertelde ik het aan een collega en vervolgens deed dat als een lopend vuurtje de ronde. Het verhaal ging zelfs, dat Verdam toen een hele nacht met mij had doorgebracht. Grote nonsens natuurlijk, maar het gevolg was wel dat door deze roddel een poging om rust en vrede in te groep terug te brengen kapot werd gemaakt door een stelletje collega's dat gewoon op sensatie uit was.

Op zich maakte het voor mij allemaal weinig uit. Het bevestigde alleen nog maar eens dat ik redenen genoeg had gehad om een jaar eerder de vertrouwensvrouw erbij te halen. Zij was van alles op de hoogte en toch escaleerden de zaken. Om die reden had ik er enkele dagen voor het beoordelingsgesprek van 25 juli dus opnieuw de vertrouwenscommissie bijgehaald; ditmaal met een officiële klacht.

6. NIETS GEZIEN, NIETS GEHOORD

Het moment waarop ik de klacht indiende was het juiste. Ik was nu immers aan mijn laatste beoordeling toe. Die zou bepalend zijn voor een vaste aanstelling bij de gemeente Amsterdam. De toestanden waarmee ik te maken had konden alleen maar een negatieve invloed hebben op die beoordeling. Men had mijn klacht kunnen zien aankomen. Want meer dan eens had ik gezegd dat ik "tot aan de oever" zou meegaan met de spelletjes die men speelde, maar niet verder. Dan zou er een moment komen waarop men met de neus in de modder zou vallen.

De strijd om gerechtigdheid was begonnen.

In verband met vakantie van de voorzitter kwam de vertrouwenscommissie pas in augustus aan de behandeling van mijn klacht toe. Daarvoor had de commissie echter nauwkeurige gegevens nodig. Welke personen hadden op welke data welke woorden of gebaren gebruikt? Welke personen waren daarvan getuige geweest? De vertrouwensvrouw ondersteunde mijn klacht inzake discriminatie op basis van "vermeende" seksuele geaardheid. Er waren haar bovendien nog wat dingen bekend die zij graag mondeling wilde toelichten. Echter, zij zou tot eind augustus afwezig zijn in verband met vakantie, zo schreef de voorzitter van de commissie me. Hij vroeg ook of ik op haar wilde wachten, en of ik dat even met hem kon bespreken. En dat deed ik ook. Van de vertrouwensvrouw zelf had ik niets gehoord. Ik wist dus niet dat ze wilde dat ik zou wachten tot ze terug was van vakantie. Toen ze weer aanwezig was vertelde ik haar dat ik bij de voorzitter was geweest. Zij werd woedend en zei dat ik achter haar rug dingen aan het regelen was en dat ik haar daarbij gebruikte.

Maar een cliënt laat je toch niet zomaar in de steek? Het zou beter zijn geweest als ze mij een briefje had gestuurd of ten minste gebeld zou hebben om te zeggen dat ze een paar dagen met vakantie zou gaan. Dat stond niet eens op haar antwoordapparaat. En dan ook nog een grote mond opzetten. De stoere en zelfverzekerde Maureen Vreede begon plotseling een andere taal te spreken.

Inmiddels liet ik het Allochtonenoverleg voor wat het was. Ik kwam daar namelijk niet verder. Het kantoortje begon vol te lopen met allochtonen die dachten dat er wellicht iets te halen viel. En voor mij kon men in feite niets doen. Bovendien wilde men zich alleen inzetten voor zwarte hoog opgeleide mensen. Maar intussen stond Clay Voorland, coördinator van het Allochtonenoverleg, wel te popelen om zich te mengen in mijn klachtenprocedure. Daarnaast was de kans niet gering dat anderen in hun eigen belang misbruik zouden maken van mijn situatie. Iemand van de leiding had mij over de vertrouwensvrouw al eens gezegd: "Kijk maar uit dat zij je niet gaat gebruiken om er zelf beter van de te worden." Dat was niet zo'n vreemde uitspraak. Zij was immers aangesteld om na te gaan of er mogelijk sprake was van racisme en discriminatie bij het GVB en hoe vreemd het ook mag klinken, het was in haar voordeel wanneer zij kon aantonen dat dit inderdaad het geval was. Maar ze had er waarschijnlijk niet op gerekend dat ze nog eens met zo'n grensoverschrijdende geval te maken zou krijgen.

Gedurende de periode waarin ik werd gepest en getreiterd heb ik niet één allochtoon gezien of gehoord, die het lef had om tegen de autochtone collega's te zeggen dat ze verkeerd bezig waren. "Niets gezien, niets gehoord, niets gezegd." Ze hielden allemaal hun mond. Ze wisten van niets. Er waren twee Antilliaanse VIC'ers. Ze zochten dekking bij de autochtone vrouwelijke collega's. Het was een mierennest; daar kon je maar beter van afblijven, zei een van hen tegen me. De schrik zat er dus goed in. Maar blijkbaar drong tot niemand door hoe gevoelig deze zaak voor mij lag. Het sneed diep in mijn privé sfeer. Zó diep, dat ik er buiten het GVB niet eens over durfde te praten. Vooral ook het met vooroordeel vanuit de hoogte anderen onderschatten liet me stil. Maar daarnaast ging het ook nog steeds om mijn baan. Dat was belangrijker dan een paar collega's die zich ten koste van mij wilden vermaken. Het was echter een tijd vol spanning en stress.

Aan opmerkingen als "ik heb een Turkse vriend" of "mijn buurtman is een Marokkaan" of "in een ander rayon hebben ze al een witte homo" had ik niets. Van dergelijke aanstellerigheden kon ik geen brood kopen. Het ging om mij!

DISCRIMINATIE?

Hoe dichter de dag van de zitting van de vertrouwenscommissie naderbij kwam, hoe hoger de spanningen opliepen. Van de vertrouwensvrouw had ik begrepen dat zij werd bedreigd. En haar telefoon deed raar. Ook was er al eens geprobeerd in te breken in haar kantoor. Kamer 52 – zo werd haar kantoor genoemd. Mijn dossier was daar goed opgeborgen in een kluis. Dus als het op een gegeven moment zou verdwijnen, dan moest iemand de combinatie kennen – of men zou de hele kluis hebben moeten meenemen. Ik had wel eens mensen zien lopen op dat gangetje die zich wat verdacht gedroegen, maar ik had daar verder niets achter gezocht. De vertrouwensvrouw vertelde me trouwens dat de directie haar had verzocht mij te vragen "wat ik nou eigenlijk wilde". Dat vond ik wel wat vreemd, want het antwoord op die vraag konden ze gemakkelijk zelf bedenken: ik wilde gewoon een goede baan.

Eind augustus 1989 nam de vertrouwenscommissie mijn klacht tegen het gedrag van ploegchef De Beer en de collega's Verdam en Ferrier in behandeling. De eerste zitting was op 15 december. De aangeklaagde Verdam en twee getuigen werden uitgenodigd aanwezig te zijn. Op 3 oktober zou het onderzoek worden voortgezet.

Inmiddels naderde ook de datum van mijn personeelsbeoordeling. De hoop op een vaste aanstelling had ik al opgegeven, want de situatie was de laatste tijd eerder verslechterd dan verbeterd. En de mensen die de beoordeling moesten doen waren door één of meer collega's zodanig tegen mij opgehitst dat er geen sprake van kon zijn dat de situatie zich voor mij nog ten goede zou keren. Het zou me niet verbazen als bij de een of de ander ook de gedachte meespeelde dat het goed zou zijn om "die poot een keer te grazen te nemen". Karel van Zwol, een vriend van Inge van Daalen, kreeg – zo hoorde ik later – het verzoek mij in de gaten te houden. Na de uitspraak van de vertrouwenscommissie vroeg hij aan ploegchef De Beer of hij daar nog mee door moest gaan. Het was dat ondergrondse, dat onderhuidse, dat door de vertrouwenscommissie al dan niet moest worden vastgesteld.

Precies één dag voordat de vertrouwenscommissie uitspraak zou doen kreeg ik mijn beoordeling. De uitslag was zoals verwacht. Het hoofd Personeelszaken, de heer Schultz, was er ook bij, maar alles lag bij de beoordelaar. Die had de macht om te doen wat hij wilde. Zelf had ik geen enkele kaart in handen. Schultz bracht de beoordelaar op de hoogte van het feit dat er nog een klacht van mij liep. De beoordelaar wist daar niets van. "Wanneer heeft hij die ingediend?" vroeg hij. "Al een paar maanden geleden," was het antwoord. De beoordelaar werd daarop rood van woede. Hij kruiste het woordje "wel" op het beoordelingsformulier zó hard door dat hij een gaatje in het papier prikte. Ik schrok er, moet ik zeggen, behoorlijk van dat die man zo razend was.

Maar natuurlijk ook van het feit dat hier nu het papier voor me lag waar op stond dat ik niet in aanmerking kwam voor een

aanstelling in vaste dienst.

Wat nu?

Figuur 2. Monument van Hendrik Mattheus van Randwijk op het
Weteringplantsoen te Amsterdam
(Gorinchem, 9 november 1909 – Purmerend, 13 mei 1966)

7. DE GROEPSNORMEN

Op 17 oktober deed de vertrouwenscommissie uitspraak. Deze luidde:

"Voor de Commissie is onder andere vast komen te staan dat de verstoorde verhoudingen met name verband houden met:

a)   de opvallende en/of vrouwelijke wijze waarop de heer A. zich tijdens de kaartcontrole zou bewegen en gedragen;

b)   dat de heer A. in geval van problemen tussen collega's en reizigers (code 100) niet, althans onvoldoende, assistentie zou verlenen aan collega's.

Een aantal collega's van de heer A. zien de sub a en b genoemde oorzaken als een verstoring van hun eigen functioneren en zijn van mening dat hij zijn gedrag moet aanpassen. De ploegchef is van mening dat hij zijn houding dient te veranderen en zich in de gedachtegang van zijn collega's moet verplaatsen.

De Commissie heeft het sub a en b beweerde gedrag van de heer A. niet kunnen vaststellen.

Wel constateert de Commissie dat de heer A. zich op een aantal punten onderscheidt van collega's. Hij heeft een meer geweldloze opstelling wat betreft conflicten met reizigers, hij is zwart, heeft een wijze van gedrag die doet denken aan dat van homoseksuele mannen en weigert aan collega's openheid te geven over privé aangelegenheden. Door dit onderscheid voldoet hij blijkbaar niet aan de groepsnormen. Zijn reactie daarop is niet zo soepel, waardoor de verhoudingen blijvend zijn verstoord.

Voor de Commissie is voorts komen vast te staan dat in die verstoorde verhoudingen collega's de heer A. ongunstig behandelen onder andere middels 'geintjes', fluisteren, negeren."

De commissie achtte de klacht tegen De Beer, Verdam en Ferrier niet bewezen. Het was ook niet de bedoeling om personen te pakken. Als dat zo zou zijn dan moest de hele afdeling VIC gepakt worden. De aangeklaagden maakten deel uit een groep wagenbegeleiders, die mij als groep niet in redelijkheid accepteerde De ploegchef stond daarbij volgens de vertrouwenscommissie onvoldoende boven de partijen. De commissie adviseerde de directie aan de rayon-bedrijfsleider Metro op dragen ten aanzien van de sector VIC de groepsnormen bij te stellen, een oplossing voor de verstoorde verhoudingen te zoeken de directie daarover te rapporteren.

Zoals de feiten nu lagen zou ik per 1 januari 1990 op straat staan. Dus moest ik snel handelen. De heer Schultz, hoofd personeelszaken Metro, stuurde me naar de centrale medezeggenschapscommissie op het hoofdkantoor. Daar kreeg ik ene Bernard Kuyt te spreken. Zodra ik bij hem aan tafel zat pakte hij de telefoon en belde iemand op: "Hij zit hier bij me en kan geen kant op." Aan zijn reactie kon ik merken dat hij een scherp antwoord kreeg. Zelf had ik zo iets van: waar ben ik nu weer beland?

Hij vroeg me: "Wat is het probleem?" Ik vertelde hem mijn

verhaal. Er kwam een notulist bij zitten die alles stenografisch noteerde. "We gaan onmiddellijk bezwaar aantekenen bij de Beroepscommissie Wagenbegeleiders," zei Kuyt. Hij schreef ter plekke een brief voor me en ik ondertekende die. Er stond onder meer in:

"Ik wil bezwaar maken tegen deze 2e beoordeling. Graag wil ik een mondelinge toelichting geven op de punten waarop de beoordeling negatief verloopt. Naar mijn mening hebben al deze punten te maken met feit dat ik een klacht heb ingediend bij de vertrouwenscommissie, welke klacht inmiddels in behandeling is genomen en waar nog een uitspraak over gedaan moet worden.

Ik teken dus hierbij beroep aan tegen genoemde beoordeling; mij is niet duidelijk of deze beoordeling gevolgen heeft voor mijn werk bij het GVB."

Intussen "dook ik onder" in de ziektewet. Maar op 25 oktober greep bedrijfsarts Bisschops in. Hij schreef een brief aan de leidinggevenden van de metro, waarin hij stelde:

"De arbeidsverhouding is zonder meer duurzaam verstoord. Op grond van verzuim en functioneren is ontslag onvermijdelijk. Uit sociale en situationele overwegingen kan het rechtvaardig zijn hem onmiddellijk over te plaatsen naar een totaal ander rayon. Aldaar zou dan gestart moeten worden met een volledig 'schone start' (…) Voor alle duidelijk dit is GEEN medische zaak of probleem. Dit is een duidelijke bedrijfsmanagement aangelegenheid. Problemen op het werk kunnen niet thuis opgelost worden maar alleen daar waar zij ontstaan zijn, te weten op het werk.

Om deze reden wordt betrokkene dan ook volledig arbeidsgeschikt verklaard door de BGD. Realisering echter pas NA gesprek met directe chef EN eindchef."

Toen ik de bedrijfsarts later nog eens bezocht legde hij mijn medisch dossier op tafel. Het viel me op dat iemand met een dikke rode stift iets op de omslag had geschreven: "AFGEKEURDE VIC". Ik vroeg de arts wat dat betekende. Hij zei: "Waarschijnlijk heeft Peter een natte vinger in de lucht gestoken." Peter, dat was de mij bekende keuringsarts. Ik bleef even zitten nadenken. "Kunt u er niet met tipp-Ex overheen gaan?" vroeg ik toen. Bisschops pakte zo'n klein potje en smeerde wit over de woorden op de omslag van het dossier.

Toch wist ik eigenlijk niet wat ik zag. Vanaf het begin had ik al vermoed dat er met mijn dossier was geknoeid. Ton had mij indertijd al eens iets gezegd over de keuringsarts. En nu had ik het met eigen ogen gezien. De selecteur had het óók gezien en had mij toen opgebeld om me te zeggen dat ik afgewezen was. Zo deed men dat dus: gewoon een negatieve opmerking op de omslag van een dossier.

Ineens schoot me te binnen dat ik in juli 1988 had gesolliciteerd naar de functie van metrobestuurder/stationsbeambte en dat ik toen door de rayonmanager Metro was afgewezen omdat ik "niet aan de gestelde eis van een hoge mate van inzetbaarheid over een langere periode voldeed". Ook toen had dit dossier waarschijnlijk een rol gespeeld. De geheimzinnigheid eromheen leidde er later nog eens toe dat ik dokter Bisschops voor de Commissie van Geneeskundigen daagde. "Hij wil iemand pakken," zei één van de commissieleden bij die gelegenheid.

Hoe dan ook: uitzieken zat er dus niet in, want Bisschops had mij volledig arbeidsgeschikt verklaard. Ik ben overigens nooit met hem over iets in discussie gegaan. Misschien was dat de reden dat hij mij de omslag van het dossier liet zien. Knaagde zijn geweten misschien een beetje? Het dossier heb daarna overigens nooit meer gezien.

Achteraf bezien vond de centrale medezeggenschapscommissie dat ik ten onrechte mijn bezwaar had ingediend bij de Beroepscommissie Wagenbegeleiders. Ik was namelijk als tijdelijke kracht niet in dienst van het GVB maar van de gemeente Amsterdam. Ik moest dus bij de ambtenarenvakbond zijn, de AbvaKabo. Althans volgens de CMC. Een consulent daar las mijn stukken door en schreef namens de bond een bezwaarschrift voor me.

Eigenlijk zou ik nu klaar moeten zijn met de medezeggenschapscommissie. En daarmee zou ik ook van Bernard Kuyt af zijn, dacht ik. Maar nu begon het pas.

Op 24 oktober boog de directie zich over de uitspraak van de vertrouwenscommissie. Zij concludeerde het volgende:

"De directie conformeert zich aan de uitspraak van de Vertrouwenscommissie. Het sectorhoofd Personeel en Opleiding wordt uitgenodigd contact met de rayonmanager Metro op te nemen om een oplossing voor de verstoorde verhoudingen te onderzoeken en de directie daarover te rapporteren."

De vertrouwensvrouw was het niet eens met de uitspraak van de vertrouwenscommissie inzake "discriminatie op grond van vermeende seksuele geaardheid". Wij gaven dit op 8 november te kennen aan de directie, met de mededeling dat wij een eventueel verzoek om herziening van deze uitspraak in overweging zouden nemen. We zouden dit echter laten afhangen van de beslissing van de directie over mijn bezwaar tegen de afwijzende beoordeling.

Kuyt kreeg van Vreede, de vertrouwensvrouw, te horen dat ik voor één jaar in tijdelijke dienst bij het rayon Havenstraat was geplaatst. Hij belde me op met dat goede nieuws en vroeg me onmiddellijk naar het Scheepvaarthuis te komen. Want er moest het een en ander geregeld worden. Dat gebeurde op 29 november.

Eerder die week had ik van de Beroepscommissie Wagenbegeleiders vernomen dat mijn bezwaarschrift in behandeling was genomen. Ik werd in de gelegenheid gesteld om op dinsdag 5 december mijn zaak mondeling toe te lichten. Dat alles werd echter overbodig, zo vernam ik, omdat op hoog niveau overeenstemming was bereikt over de kwestie. "Wellicht is het tijdelijk dienstverband verlengd," dacht ik. Er bleek echter ook een voorwaarde te zijn: ik moest mijn bezwaarschriften intrekken. Daar had ik geen enkele moeite mee. Mij ging het in principe enkel om een vaste aanstelling, hoe interessant het doorlopen van een bezwaarschriftenprocedure in juridisch opzicht ook mocht zijn.

Intussen begon het tot me door te dringen dat de mensen die bij het GBV als "hulpverleners" optraden daarbij de nodige voorzichtigheid betrachtten. Logisch, want het GVB was hun werkgever. Het was een interne aangelegenheid en die moest als het even kon intern geregeld worden. Maar sommigen gunden elkaar het licht in de ogen niet; het was een kwestie van "partijen" geworden – partijen, die op een aantal punten tegenover elkaar stonden. De medezeggenschapscommissie van het rayon zag het Allochtonenoverleg als een bedreiging, een club van zwarten. En in het Allochtonenoverleg beschouwde men de centrale medezeggenschapscommissie als een club blanke racisten. De vertrouwensvrouw bungelde daar zo'n beetje tussen. Bij het Allochtonenoverleg zag men haar als een goede troef: zij beschikte over informatie waarmee de leden van het overleg hun positie konden versterken. Anderen was zij een doorn in het oog: "Racisme en discriminatie bij het GVB? Kom nou, dat soort dingen gebeurt bij ons niet."

8. EEN NIEUWE KANS

Per 16 december 1989 werd ik overgeplaatst naar het rayon Havenstraat. Er waren daarover een aantal afspraken gemaakt. Gezien de moeilijke periode die ik bij de metro had gehad zou ik direct beginnen met een opleiding tot trambestuurder. En alleen het dossier van de afdeling Personeelszaken zou mee gaan naar de Havenstraat.

Maar niets daarvan. Om te beginnen begonnen andere dossiers over mij, die op het Weesperplein lagen, ook in de Havenstraat op te duiken. In totaal bestonden er vier dossiers: één bij Personeelszaken, één bij de vertrouwensvrouw, een medisch dossier en een map in een kast op het Weesperplein. Het verleden begon me te achtervolgen.

Het was iets dat men in het Scheepvaarthuis eigenlijk had moeten zien aankomen. Immers: de Havenstraat was niet blij met mijn overplaatsing. Die was door hogerhand opgelegd. Men vond dat de metro zijn problemen zelf moest oplossen en ze niet in de Havenstraat moest deponeren. Daarover ontstond discussie. Bovendien werd ik niet bij de rijopleiding geplaatst maar kwam ik weer bij de wagenbegeleiders terecht. Dat was tegen de afspraak.

Desondanks ging het in het begin in de Havenstraat vrij goed. Het was voor mij een heel nieuwe en onbekende buurt; ik was daar zelden geweest. Maar wat ik er qua openbaar vervoer over moest weten werd me snel geleerd tijdens de opleiding tot kaartcontroleur. Het werk was afwisselender. Niet meer alleen de metro richting Gein of de metro naar Gaasperplas, maar verschillende trams en bussen, die diverse routes reden. Er waren ook meer zonegrenzen.

Op donderdag 28 december werd door Joost Moerenhout, de ploegchef, wat mij betref een "waarneming" gedaan. Alles was voldoende, van kleding en uiterlijk tot en met motivatie.

In de eerste week van januari zou ik te horen krijgen wanneer mijn rijopleiding zou beginnen. Dat was, zoals gezegd, de mondelinge afspraak. Maar in de Havenstraat wilde men mij liever bij de kaartcontrole houden. Toen ik de personeelschef in de Havenstraat, Wim Boelandt, daarover eens een vraag stelde kreeg ik een arrogant antwoord. "Laat ze maar komen," zei hij. "Wij zijn niet verplicht jou in dienst te nemen". Van afspraken die door "de metro" met mij gemaakt waren wilde hij niets weten. Hij bleek nog een gesprek met een mevrouw van Personeelszaken zou hebben. Daar wachtte hij nog op. Zelf wachtte ik niet: ik ging naar een advocaat, mr. Nicolette Kloot van het kantoor Kloot, Miedema en Prins Advocates. Zij zond Boelandt een brief. "Je vindt het in de Havenstraat plezierig werken, en nou stuur je een advocaat op me af!" was diens reactie.

Rond dezelfde periode bleken in de Havenstraat dossierstukken over mij van het Weesperplein te liggen, die eigenlijk bij de metro hadden moeten blijven.

En toen was het opeens weer raak – begin februari. Ik had op een bepaald moment besloten om een passagier de gelegenheid te geven in de tram bij te stempelen. Voor de hele ploeg was dat aanleiding om naar binnen te gaan voor overleg. Het hoofd van de afdeling Wagenbegeleiders in de Havenstraat, Steef van Rijn, stelde tijdens dat gesprek dat een enkel geval van bijstempelen toch geen reden kon zijn voor het beleggen van een vergadering. Maar volgens de ploegchef was er meer aan de hand. De hele ploeg had hem gezegd dat ik vanwege mijn gedrag niet meer welkom was. Van Rijn liet me tijdens dit gesprek weten dat ik me goed moest realiseren dat ik in tijdelijke dienst was, en dat er in de loop van het jaar nog twee keer een beoordeling over me zou worden uitgebracht.

Het werd me duidelijk dat de strategieën die men bij de metro had gebruikt naar de Havenstraat waren overgewaaid. Had men zin in een wat langere koffiepauze, dan wachtte men gewoon tot ik het een of ander deed waarover gediscussieerd kon worden. "We gaan naar binnen," heette het dan. Of de aanwezigheid van een Marokkaanse jongen, die vaak "op code" achter mij aan hobbelde, daarbij nog een rol heeft gespeeld, weet ik niet. In elk geval zou men dat nooit hardop zeggen.

Bij de metro was het precies zo gegaan. Soms werd zelfs met opzet een conflict met een passagier uitgelokt. Men kon dan uren binnen blijven zitten in afwachting van de afhandeling van het geval. Want de dienst Ondersteunende Taken moest er dan bij komen en vaak ook de politie. Viel er geen verdacht uitziende passagier te pakken, dan was ik de pispaal. En dan ging de hele groep weer naar binnen voor een gesprek. Volgens mij hadden ze daar zelfs een code voor afgesproken, want soms hoorde ik ze fluisteren: "U-code." Dan ging er, zo wist ik, iets gebeuren.

Ik wil niet beweren dat de VIC'ers tot op zekere hoogte optraden als informant van de justitie, maar je stuitte wel eens op een bijzonder geval. Tijdens de opleiding hadden we te horen gekregen hoe dan te handelen. Persoonlijk vond ik dat het opsporen van illegalen uit de Bijlmer niet tot de taken van de VIC hoorde. Het enige wat we moesten doen was de geldigheid van een vervoersbewijs controleren. Nagaan of iemand al dan niet een geldig identiteitsbewijs bij zich had lag in principe niet binnen onze competentie. We hadden daar ook de deskundigheid niet voor. Wanneer iemand die zonder kaart reed een naam opgaf en de controleur vertrouwde het niet moest hij Ondersteunende Taken erbij halen. Die had de mogelijkheden om uit te zoeken of er sprake was van het opgeven van een valse naam. Als bleek dat het om een illegaal ging, dan mocht dat volgens mij alleen een kwestie van toeval zijn. Een klopjacht op illegalen uit de Bijlmer mocht het in elk geval nooit worden. En dan het geweld waarmee een en ander soms gepaard ging! Terwijl onze instructie daarover toch heel erg duidelijk was: "Wees terughoudend. Want wie weet wordt zo iemand door de politie in de gaten gehouden."

Nou was dat vaststellen van een juiste identiteit soms ook niet gemakkelijk.

DISCRIMINATIE?

Een controleur hield eens een meisje aan en vroeg: "Wat is uw naam?"

Het kind zei alleen maar: "Geen geld."

De controleur vond dat onbevredigend en ging in de stationsruimte met hulp van een telefoonboek op onderzoek uit. Hij draaide een nummer en kreeg te horen: "Met de familie Geengeld. Goede morgen." De controleur kreeg er een rooie kop van. Een ploegchef in de Havenstraat heette Ed Vergeer. Maar ik noemde hem meestal mister Ed. Het heeft lang geduurd voor hij erachter kwam dat ik daarmee eigenlijk het sprekende paard bedoelde. Die arme man heeft het zwaar gehad met dit gedoe.

Mijn arbeidsverleden was anders dan dat van de collega VIC'ers. Voordat ik bij het GVB ging werken was ik in dienst geweest van een veel grote werkgever, Shell. Ik was eraan gewend op mijn werk actief bezig te zijn. De VIC'ers bij zowel de metro als de tram waren meestal jonge mensen die jaren van een uitkering hadden geleefd. Het VIC-project moest hen klaarstomen voor een reguliere baan op de arbeidsmarkt. Ze moesten veel leren en vooral werkervaring opdoen. Velen van hen konden echter absoluut niet omgaan met de opsporingsbevoegdheid die hen was toebedeeld. En soms leidde dat tot gevaarlijke situaties, situaties waarbij een verdachte passagier ook wel eens mishandeld werd. Ik wist één ding zeker: ik zou nooit liegen om een collega te dekken die zich daaraan schuldig had gemaakt.

HOEZO

DISCRIMINATIE?

De chef Wagenbegeleiders in de Havenstraat, Steef van Rijn, vroeg mij op gegeven moment wat hij voor me kon doen. Ik zei dat ik het gesprek met de ploeg graag zou voortzetten, maar dan in aanwezigheid van de vertrouwensvrouw. Hij waarschuwde mij voor de risico's van zo'n gesprek. De ploeg of bepaalde leden ervan zouden zich wel eens als een gesloten blok tégen mij kunnen keren.

9. GESLAAGD – EN TOCH WEER NIET

Medio februari liep de ploegchef tijdens een dienst mee om mij "waar te nemen". Hij zat bijna op mijn rug om maar goed over mijn schouder te kunnen kijken. En wat bleek? Van het ene moment op het andere deed ik ineens niets meer goed. Ik zou zelfs vergeten sommige reizigers te controleren. Er volgden meer "waarnemingen", en die werden almaar slechter. Het ging dus gewoon op de oude voet voort.

De bedrijfsmaatschappelijk werkster, Karin Toonder, vond dat het geen zaak meer was voor vertrouwensvrouw Maureen Vreede en wilde het overnemen. "Maureen ziet overal discriminatie in," hoorde ik haar zeggen. Dat was dus al onderwerp van gesprek geweest. In een memo gedateerd 10 april 1990 liet Toonder me weten: "Met mevrouw Vreede heb ik afgesproken dat zij verder contact met je houdt over je 'toekomst'. Ik heb begrepen dat je naar de tram wilt en dat dit jou ook beloofd is. Zij gaat hier verder achteraan. Succes."

Met de beoordeling in mei 1990 begon ik er genoeg van te krijgen. Ik wierp een korte blik op de beoordelingslijst en zei tegen de ploegchef dat hij het hele zooitje maar naar het Scheepvaarthuis moest sturen. Daar werd me wat later gezegd dat ik meteen zou beginnen met de rijopleiding. De ploegchef probeerde me uit te leggen dat hij alleen maar opdrachten uitvoerde. "Ik moest een zo goed mogelijk beoordeling maken," zei hij. En dat gold alleen voor mij. Maar ik weigerde deze keer mijn handtekening onder de beoordeling te zetten. Kort daarna werd ik bij het hoofd van de afdeling Wagenbegeleiders geroepen, Steef van Rijn. Hij probeerde me wat die handtekening betreft tot andere gedachten te brengen. Ik bleef bij mijn standpunt.

Van Rijn stuurde daarop een memo naar rayonmanager Frans Stuurman. "Ik heb," schreef hij, "de heer Anthony nogmaals verzocht de gemaakte beoordeling te ondertekenen. De houding die hij op dat moment aannam maakt het voor ons niet langer mogelijk om op een normale manier samen te werken. Er is slechts één zin die hij na iedere vraag van ons herhaalde: 'Ik weiger alles te tekenen.' Ik ben van mening dat wij nu alles hebben gedaan wat in ons vermogen ligt en wat men redelijkerwijs van ons mag en kan verwachten. Wij verzoeken dan ook om zo spoedig mogelijk een einde te maken aan deze onmogelijke situatie."

Een paar dagen later was personeelschef-Havenstraat Wim Boelandt aan zet: "Op vrijdag 1 juni 1990 heb ik nogmaals aangedrongen bij de heer Anthony op ondertekening van het beoordelingsformulier," zo liet hij weten in een rapportje aan de GVB-leiding. "Ik heb hem daarbij gewezen op de officiële beroepsmogelijkheden zoals deze in het ARA worden aangegeven. De heer Anthony heeft enige bedenktijd gevraagd, waarna hij dezelfde dag nog aan de heer R. de Lange van de afdeling Kaartcontrole heeft verteld dat hij het formulier niet wenste te ondertekenen.''

Wat men ook deed, ik bleef weigeren dat formulier te tekenen. Want van de vorige keer wist ik wat ik me daarmee op de hals kon halen.

De tactiek werkte. Op 5 juni 1990 kon ik starten ik met de rijopleiding. Het theoretisch gedeelte werd telkens verzorgd door weer een andere instructeur. We waren met z'n drieën in het leslokaal. Een Surinaamse meisje, een Irakese jongen en ik. De laatste leerde me mijn naam in het Arabisch te schrijven. Er was maar één probleem: het meisje had soms te veel tijd nodig om iets te begrijpen. Bij de jongen lagen de moeilijkheden meer op taalgebied. Beiden waren ieder op hun manier heel rustige types. Vriendelijk en gemakkelijk in omgang. Ik wil niet pretenderen dat ik ook daar de pienterste van het stel was. En ik had er ook geen behoefte aan dat anderen als zodanig zouden gaan zien. Maar mijn verstandelijk niveau was nu eenmaal wat hoger dan dat van hen. En dat ik al een ruime werkervaring had speelde natuurlijk ook een rol.

Voor de praktijk van het rijden kreeg ik Piet van Straten als instructeur. Hij was een vlotte man die heel goed wist hoe hij met mensen moest omgaan. Blijkbaar had hij er ook plezier in, want op een gegeven moment bracht hij voor ieder van ons een pot met zelf ingelegde komkommers in azijn mee. Maar op een dag maakte hij een opmerking waar ik later nog wel eens aan terug moest denken. "Het is lastig," zei hij, "als anderen je dingen willen laten doen waar je zelf niet achter staat."

In zijn eindrapportage over mij was alles goed en voldoende. "De heer Anthony heeft zich gemotiveerd ingezet tijdens de buitendienstwagenperiode," aldus Van Straten. "Wanneer hij zich op deze wijze blijft inzetten verwacht ik dat hij zijn opleiding met een positief resultaat kan afronden."

En dat gebeurde ook. Ik slaagde voor beide type trams, het oude model en het nieuwe.

Terwijl ik met de rijopleiding bezig was werd ik een keer opgeroepen door Gerard Swinkels van de personeelsafdeling in de Havenstraat. Hij wees me op een kennisgeving uit april 1990 aan allochtone personeelsleden. In het kader van een gemeentelijk project zou eind september / begin oktober een cursus "brede loopbaanoriëntatie" voor allochtoon GVB-personeel beginnen. Het doel van de cursus was allochtone medewerkers, die belangstelling hadden voor een andere baan, de nodige kennis en vaardigheden te verschaffen. Daardoor zouden ze in aanmerking kunnen komen voor andere functies binnen de gemeentelijke organisatie of zelfs daarbuiten. De cursus zou zes maanden duren. Ik vond het een goed idee om eraan mee te doen.

Maar Swinkels twijfelde nog een beetje. Twee maanden na de sluitingstermijn van de aanmelding zat de cursus in feite al vol. Toch werd ik medio augustus 1990 uitgenodigd voor een gesprek. Ik hoorde dat ik eventueel op een wachtlijst kon worden geplaatst. Maar achteraf bedacht men het toch weer anders: ik werd meegenomen in de groep die als eerste aan de cursus begon. Deze werd gegeven door de Noord-Hollandse Bestuursacademie.

Door het beleid van "achterstand-bij-allochtonen-inhalen" kwamen nogal wat emoties los. Ook bleek weer eens wat het belangrijkste probleem was: de taalachterstand. Op de cursus werd daar ruime aandacht aan besteed. Vaak was het: "In ons land zeggen we dat zo of zo." Maar het bleef moeilijk.

Toen de cursus eind september van start ging was ik bijna klaar met mijn rijopleiding. Op 8 oktober was het examen en ik slaagde, zoals al gezegd, voor het bewijs van rijvaardigheid op het onderdeel trams. Een dag later kreeg ik mijn beoordeling. Daarin stond dat ik aan de gestelde eisen voldeed en in aanmerking kwam voor een vaste aanstelling. Mijn functie veranderde in die van "aspirant-personenvervoerder".

Op 19 oktober – ik zat nog in een periode waarbij een mentor mijn werk begeleidde – werd in opdracht van Wim Boers, de chef Trambestuurders, een extra controle op mij uitgevoerd.

Daarover rapporteerde controleur Jeroen Staring: "Komt 3 minuten te laat aan op het CS. Zet de tram vóór de halte neer en gaat op zijn gemak van alles controleren. Neemt bochten regelmatig te snel." Niemand had mij ooit verteld dat ik de tram achter de halte moest parkeren en dan snel moest wegwezen. Staring adviseerde mij langer met een mentor te laten rijden.

Daarnaast waren er ook een paar rapportjes van collega's over mij; collega's die overigens zelf ook wel eens in de fout waren gegaan. Een van hen had ooit een zwangere vrouw klemgereden en een ander dacht dat de tram een taxi op rails was. Enfin, het begon er weer op te lijken dat ik een lijdend voorwerp werd waarover iedereen kon gaan zitten ouwehoeren om het oordeel over mij bij te sturen.

Het woord was nu weer aan Stuurman, de rayonmanager. Zijn besluit was dat ik per 5 november terug moest naar de rijopleiding en dat de voorgestelde vaste aanstelling zou worden teruggedraaid naar een tijdelijke. Het was voor mij de zoveelste teleurstelling bij het GVB en ik kreeg van het hele gedoe een nare smaak in de mond. "Ik weet niet meer of ik wel gelukkig zal zijn met het beroep van wagenbestuur," liet ik me op een gegeven moment ontvallen.

Stuurman en personeelschef Boelandt spraken hierover hun verbazing uit. Ik had de keuze voor de rijopleiding toch in alle helderheid gemaakt? Dat was ook zo, maar omdat ik zogenaamd steeds weer iets niet goed deed begon ik een beetje te walgen van de trams, het rayon en het hele GVB. De heren wisten trouwens ook heel goed dat de baan van trambestuurder niet mijn eerste keus was geweest; en dat ik er in feite ook niet voor was aangenomen.

Met name Boelandt was indertijd tijd fel gekant geweest tegen mijn overplaatsing naar de Havenstraat. "Bij de metro niet, dan ook hier niet," zou hij gezegd hebben. Waarom niet? Had hij iets te verbergen? Hij was tevens afdelingschef Vervoer en Rayon Manager a.i. Hij had bij het GVB dus drie petten op. Swinkels was pas later in de Havenstraat gestationeerd. Hij was er aangesteld als personeelsadviseur.

Op 22 november stuurde de chef Trambestuurders een waarnemer. Het was de mij reeds bekende Jeroen Staring. Zijn rapportage was zeer negatief. Ik zou volgens hem te hard hebben gereden, door rood zijn gereden en haltes voorbij zijn gereden. Dat laatste leek overigens helemaal niet zo ongewoon te zijn – getuige onder meer een steen die door een ruit werd gegooid met het volgende briefje eraan (gepubliceerd in de Pantograaf van juni/juli 1990): "Jullie hufters. De grote klootzak die gisternacht (zat. 00.00 uur) niet stopte met lijn 16 bij het Valeriuskunier/Lairessestra Mag dit raam betalen. Je moet stoppen lul, als er iemand op de halte staat en zijn hand opsteekt. Dit is nu de 2e keer al. Typhus Leijer."

Het advies van Staring was mij de rijbevoegdheid voor het besturen van een tram te ontnemen.

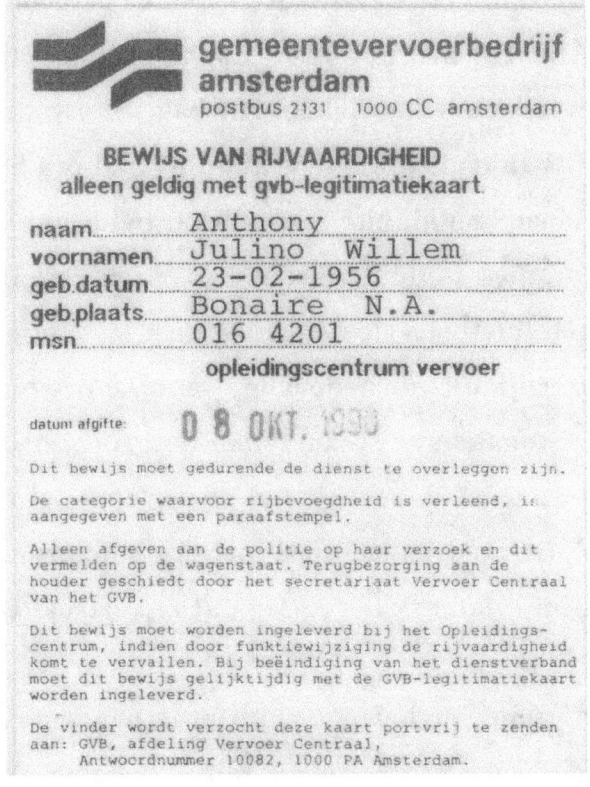

Figuur 3.

10. EEN DRUKKE DECEMBERMAAND

Door middel van een brief, gedateerd 26 november 1990, deelde de rayonmanager Havenstraat mij mee dat ik niet in aanmerking kwam voor een vaste aanstelling. Dit op grond van de uitgebrachte beoordeling over mijn functioneren.

De brief werd mij om negen uur 's avonds persoonlijk gebracht door Swinkels. Hij had nog twee mannen bij zich in het blauwe pak van Ondersteunende Taken. Hij had me eerst opgebeld met de vraag of ik thuis kon blijven, want hij had een brief voor me. Over de telefoon kon hij niet zeggen waar het over ging.

Toen ze kwamen stond ik aardappels te schillen. Daarom legde ik de brief op tafel, met de bedoeling hem later te openen. Maar dat was kennelijk niet de bedoeling, want de drie mannen bleven maar in de woonkamer staan. Voor de grap zei ik: "Ik ga zo meteen een zoete aardappel en een pieper eten om te zien hoe ze integreren." De opmerking werd niet erg gewaardeerd, maar de drie begrepen wél dat ik liever zag dat ze vertrokken. Dat deden ze dan ook.

In de brief stond een hele hoop onzin. Ik begreep er onder meer uit, dat in de beoordeling waarop mijn afwijzing was gebaseerd, óók stond dat ik wél in aanmerking kwam voor een vaste aanstelling. Dat leek duidelijk maar wás het kennelijk niet.

Zo zaten we weer in dezelfde patstelling als eerder en met vrijwel dezelfde betrokkenen: Bernard Kuyt en Maureen Vreede, nu met de leiding van het rayon Havenstraat. Zelf kon ik alleen maar thuis afwachten wat er zou gebeuren. En dat alles in de drukke decembermaand. Voor Kuyt scheen de datum van 1 januari erg belangrijk te zijn. Bij al zijn voorstellen speelde die datum een rol.

Op 4 december 1990 stuurde de vertrouwensvrouw haar bevindingen naar de directie van het GVB. Zij schreef onder meer:

"In de Havenstraat (per 16-12-1989) heeft de heer Anthony zich in eerste instantie beziggehouden met controletaken, zeer tegen de afspraken in en ondanks gesprekken van de vertrouwensvrouw met de rayonleiding. De situatie (intolerantie van medecollega's bij de metro) herhaalde zich ook hier.

Door bemiddeling van de coördinator M.C. (medezeggenschapscommissie, WA) en de vertrouwensvrouw werd middels een directie-opdracht de rijopleiding mogelijk gemaakt voor de heer Anthony. De opleidingsperiode en het examen zijn goed verlopen; de cliënt had zich eindelijk bewezen. Hij was geslaagd en kon een vaste aanstelling tegemoet zien. (...)

Conclusie:

Hoe zeer ook geprobeerd is om de heer Anthony een nieuwe kans te geven, en zonder de deskundigheid van mentoren in twijfel te trekken, wil ik stellen dat het hier niet alleen om de rijvaardigheid van de heer Anthony gaat:

Iemand die voortdurend op de werkvloer onder druk staat van de plagerijen over homo's en daarboven in een onzekere

59

rechtspositie verkeert, staat onder stress. En het breekt hem op!

Desalniettemin ben ik het met de stellingname van de rayonleiding eens t.a.v. de consequenties die zij hieraan verbindt."

Vreede had kritiek op de geheime controles die op mijn rijden waren uitgevoerd. "Niet vooraf gemelde rijwaarnemingen zijn uit den boze!" schreef ze. En ze vervolgde:

"Hoewel de rayonleiding zich heeft ingezet op bepaalde fronten, is er van een nieuwe kans echter geen sprake geweest. Zijn verleden achtervolgde hem immers. Discriminatie manifesteert zich meestal heel subtiel. Het is daarom vaak moeilijk te bewijzen, maar als ik het dossier Anthony lees, is de rode draad die er doorheen loopt: intolerantie met als gevolg discriminatie omdat hij zwart en vermeende homo is.

Ik vraag dan ook van u dat u ingevolge het gemeentebeleid en GVB-beleid handelt en passende maatregelen neemt ten aanzien van de heer Anthony, door hem een passende baan binnen het GVB aan te bieden of voor hem te bemiddelen dat hij bij een andere diensttak tewerkgesteld kan worden. (…)"

Vlak voor de Kerst, op 24 december 1990, diende ik via mijn advocaat, mr. Kloot, een klaagschrift in bij het ambtenarengerecht in Amsterdam. Daarin stelde Kloot onder meer: "Vanaf 1 januari 1990 tot 1 januari 1991 krijgt Antony een aanstelling in tijdelijke dienst bij wijze van proefverlenging. Zijn functie wordt veranderd in leerling personenvervoerder.

Anthony verandert van functie omdat hij op grond van zijn vermeende seksuele geaardheid en wellicht op grond van zijn huiskleur door collega's gediscrimineerd wordt. Met behulp van de vertrouwensvrouw heeft deze verandering van baan plaatsgevonden."

Tegelijkertijd ging een verzoek om een zogeheten voorziening bij voorraad naar de voorzitter van het gerecht. Daarin betoogde mijn advocaat onder meer: "Anthony is door de beslissing d.d. 26 november dermate benadeeld, nu de gemeente van plan is het dienstverband per 1 januari 1991 te beëindigen, dat er grote en onherstelbare schade wordt toegebracht, indien Anthony niet in de gelegenheid wordt gesteld middels een voorziening bij voorraad zijn werkzaamheden bij het Gemeentevervoerbedrijf hangende het beroep te blijven uitvoeren. Anthony heeft derhalve een spoedeisend belang bij een voorziening bij voorraad."

Aanvullend werd in dit verzoek gesteld: "Het nadeel dat Anthony heeft indien het aangevallen besluit ten uitvoer wordt gelegd is niet in evenredigheid met het belang dat de wederpartij heeft bij de onmiddellijke tenuitvoerlegging van het besluit. Het nadeel dat Anthony lijdt is zeer groot. Bij tenuitvoerlegging van het besluit verliest Anthony zijn functie en zijn hoedanigheid als ambtenaar. Tevens lijdt hij financieel nadeel."

Bernard Kuyt kreeg na de Kerst van mij te horen dat ik de ontslagkwestie in handen van een advocaat had gelegd en dat er al een klaagschrift naar de ambtenarenrechter was gegaan. Hij spoedde zich daarop naar de adjunct-directeur van het GVB,

John Tjon A Lep. Ik had deze eerder gezien bij een actie in verband met inbraken in metrostations. Bij sommige allochtonen stond hij goed aangeschreven. Hij zou een man zijn die altijd voor rede vatbaar was. Persoonlijk had ik geen ervaring met hem. Maar door wat ik over hem had gehoord ging ik ervan uit dat ik hem zou kunnen vertrouwen.

Kuyt bleef het intussen maar hebben over die datum van 1 januari. Het gesprek met Tjon A Lep werd op 28 december gehouden in zijn kantoor. Men had zich voorbereid. Door Kuyt werd vóór we naar de adjunct gingen eerst nog iemand anders opgehaald, de heer P. Wagenaar. Tjon A Lep kwam met het volgende, schriftelijk geformuleerde voorstel:

"Gedurende 6 maanden zal de heer Wagenaar via zowel het interne als het Gemeentelijke Mobiliteitsbureau een passende functie voor u zoeken. Voor de tijdsduur van deze 6 maanden krijgt u een arbeidscontract aangeboden ten behoeve van een licht administratieve functie, waarbij in beginsel uw huidige salaris minus rooster- en andere aanverwante toeslagen als leidraad voor de salariëring geldt.

De heer Wagenaar is ermee belast om u met ingang van 1 januari 1991 een dergelijk arbeidscontract voor te leggen. Voor de goede orde meld ik u dat de inspanningsverplichting om binnen 6 maanden een passende functie voor u te vinden ervan uitgaat dat u de nodige medewerking verleent."

DISCRIMINATIE?

Ik meende opnieuw een adder onder het gras te zien. Met die arbeidsovereenkomst van 6 maanden in de functie van bureau-ambtenaar C dacht men mij na 6 maanden te kunnen lozen. En ik zou gek zijn geweest als ik mijn advocaat zou hebben verzocht het klaagschrift en het verzoek bij het ambtenarengerecht in te trekken, enkel en alleen omdat ik nog een contract voor 6 maanden aangeboden kreeg. Nee, dat ging lekker niet door. In een brief van 3 januari 1991 liet mijn advocaat dat weten aan Tjon A Lep: "Ten onrechte staat in dit schrijven vermeld dat op 28 december j.l. tussen u en cliënt is overeengekomen dat (…) Cliënt is evenwel bereid de door u voorgestelde werkzaamheden te verrichten totdat de Voorzitter en/of het Ambtenarengerecht beslist heeft over de gevraagde voorziening resp. het ingestelde beroep. Zoals u bekend beoogt cliënt nog steeds een vast dienstverband vanaf 1 januari 1991 als ambtenaar. Teneinde (nogmaals) zijn goede wil te tonen zal cliënt evenwel aan uw voorstel van 28 december j.l. meewerken onder voorbehoud van alle rechten.

Het lijkt mij redelijk dat cliënt er feitelijk financieel niet op achteruit zal gaan. In uw voorstel is hier wel sprake van."

Dit alles speelde zich af in een tijd dat er bij het GVB volop gediscussieerd werd over een mogelijke achterstelling van allochtonen. Naar ik had begrepen had Tjon A Lep die discussie aangezwengeld. Maar hoe zat het dan met mij? Was ik dan een allochtoon die wél achtergesteld mocht worden?

11. KNOPEN DOORHAKKEN

In afwachting van de uitspraak van de voorzitter van het ambtenarengerecht werd ik geplaatst in het kledingmagazijn in de Tollensstraat.

De uitspraak kwam op 11 januari 1991 en werd op 14 januari bekrachtigd.

De voorzitter van het gerecht overwoog onder meer:

"Op grond van de thans bekende gegevens moet geconcludeerd worden dat verweerder (het GVB, WA) geenszins aannemelijk heeft gemaakt dat verzoeker (William Anthony, WA) niet heeft beantwoord aan de verwachtingen welke verweerder stelde en redelijkerwijs mocht stellen. Daartoe is ten eerste overwogen, dat verzoeker op 8 oktober is geslaagd voor het bewijs van rijvaardigheid, onderdeel trams, van het Gemeentevervoerbedrijf Amsterdam, waarna hij is aangesteld als aspirant-wagenbestuurder. Verder is verzoeker na zijn opleidingsperiode op 9 oktober 1990 beoordeeld en uit het overgelegde beoordelingsformulier blijkt dat verzoeker op alle punten voldeed aan de gestelde eisen. (…) Verzoeker heeft derhalve de opleiding tot wagenbestuurder succesvol afgerond, terwijl hij tevens positief is beoordeeld voor die functie, zodat hij toen kennelijk voldeed aan de eisen die aan hem gesteld werden. Vervolgens is verzoeker gaan werken als aspirant-wagenbestuurder.

DISCRIMINATIE?

Op 19 oktober 1990 heeft een medewerker van verweerder verzoeker enige uren gadegeslagen tijdens zijn werk. Naar aanleiding van deze waarneming is een memo opgesteld, dat heeft geleid tot een gesprek op 1 november 1990. Bij die gelegenheid zijn nadere afspraken gemaakt over herinstructie (…) Uit de thans gekende gegevens is niet gebleken dat de afspraken van 1 november 1990 zijn gerealiseerd, alvorens verweerder tot het bestreden besluit is gekomen. (…) Derhalve is ook niet gebleken dat verzoeker na 1 november 1990 wederom niet oplettend of onveilig zou hebben gereden. (…)

Nu ook de gemachtigde van verweerder in de raadkamer heeft medegedeeld dat het bestreden besluit naar het oordeel van verweerder geen stand kan houden, moet geconcludeerd worden, dat geenszins uitgesloten is te achten dat in de hoofdzaak geoordeeld zal worden dat het bestreden besluit niet in stand kan blijven. De vraag, of het bestreden besluit bevoegelijk namens verweerder is genomen, kan en zal daarom in het midden worden gelaten."

Achteraf bleek dat de gemachtigde van de gemeente in de raadkamer had gezegd dat volgens hem het ontslagbesluit om diverse redenen geen stand kon houden, maar dat de leiding van de betrokken gemeentelijke diensttak niet bereid was die conclusie te aanvaarden.

De voorzitter van het ambtenarengerecht schorste het ontslag van 26 november 1990 en bepaalde dat het GVB mij vanaf 21 januari 1991 in de gelegenheid moest stellen werkzaamheden als aspirant-personenvervoerder te verrichten totdat in de hoofdzaak onherroepelijk beslist zou worden. Met andere woorden, ik kreeg per 1 januari 1991 een vaste aanstelling als ambtenaar bij gemeente Amsterdam.

De aanstellingsbrief kwam in februari. In maart werd door mij het klaagschrift ingetrokken. Een normale zet, omdat naar verwachting de uitspraak daarover niet anders luiden zou luiden van die van de voorzitter van het gerecht over de voorziening bij voorbaat. En ook als ik de zaak voortgezet zou hebben, zou men te zijner tijd toch weer een nieuwe ontslagprocedure beginnen, daar was ik zeker van. Want de kwestie was nu helemaal gericht op de persoon – míjn persoon.

Wim Boelandt voelde zich in zijn eer aangetast. "De rechter heeft niet gezegd dat we het verkeerd gedaan hebben," zei hij. "We moesten het alleen ánders doen." Maar in feite was er geen verschil geweest in de wijze van aanpak in de Havenstraat en de bij de metro gehanteerde methode. Een "blueprint" noemde de vertrouwensvrouw het. Bij de metro kreeg ik te maken met een groep VIC'ers, in de Havenstraat met een groep VIC'ers plus een team rijdend personeel.

Men moet bij het GVB – ook al gezien het gezegde van de gemeentelijke jurist in de raadkamer – al wel enigszins rekening hebben gehouden met een voor het bedrijf negatieve uitspraak van de rechter. Daarom was in december vanuit het Scheepvaarthuis al contact opgenomen met een psycholoog, die mij een test zou moeten afnemen. Dat zou plaatsvinden op 14 januari. Maar er moest eerst nog eens met mij gesproken worden. Dat gebeurde en daarbij ging het onder meer over de reden voor de afspraak met de psychiater, over de vraag of ik het eens was met een psychologisch onderzoek, hoe en aan wie daarover gerapporteerd zou worden en over de vraag wat het GVB verder voor mij zou kunnen doen.

De test betrof met name mijn verstandelijk en persoonlijk functioneren. In een vertrouwelijk rapport over het onderzoek schreef de psycholoog onder meer: "Na alles wat hij heeft meegemaakt op diverse plekken in het GVB, zal een nieuwe start buiten het GVB ons inziens verfrissend voor hem werken. Het is voor hem thans zaak om – zonodig onder deskundige begeleiding - knopen door te hakken en beslissingen te nemen over zijn verdere leven."

De neiging van directe collega's en andere medewerkers van het GVB om zich met mijn privé zaken te bemoeien bleef niet beperkt tot mijn seksleven. Ook mijn andere bezigheden werden besproken. Want ik hád natuurlijk ook andere bezigheden. Zo werden in de tijd dat ik bij de metro werkte bij mij thuis foto's gemaakt die gebruikt zouden worden tijdens presentaties om nieuw personeel te werven. En bij het eerste Spel Zonder Grenzen van het GVB was ik te zien en te horen op het buitenpodium

Ik had die middag Ruud Besson ontmoet, een journalist van De

Telegraaf. Hij praatte de diverse optredens en activiteiten aan elkaar. Ik had een bandje bij me en liet merken dat ik er óók was. "Kom je optreden?' vroeg Besson. "Nou," zei ik, "ik kom eigenlijk alleen maar even langs, maar ik wil ook best optreden." Hij baande voor mij een weg naar de geluidstechnicus – tussen een paar opdringerige allochtonen door, die eveneens wilden optreden. De technicus stopte het bandje in het apparaat en daar stond ik buiten op het podium te zingen.

In de grote tent werd het evenement afgesloten door René Froger. Ik zag er nog de heer Tjon A Lep, die op Froger stond te wachten voor een handtekening. "Meneer kan óók goed zingen," hoorde ik een collega over mij opmerken. Hij had mij trouwens ook nog kunnen zien als figurant in een televisieserie.

Dat dit soort zaken nog zouden gaan meespelen bij de vraag of ik voor de gemeente Amsterdam zou kunnen gaan werken of niet, had ik vooraf niet kunnen bedenken. Het werd zelfs in de psychologische test meegenomen – terwijl ik dacht dat het daarbij toch alleen maar ging om mij een passende functie te kunnen bieden, zoals men beweerde.

In het advies van de psycholoog stond onder meer óók: "Hij treedt thans regelmatig op als solozanger en incidenteel als acteur. Kiezen voor muziek en/of drama als hoofdbron van inkomen achten wij een passende en vrij reële mogelijkheid. Kiest hij echter voor zang en acteren als hobby en bijverdienste, dan gelden de volgende aanbevelingen: functies die weinig psychische belasting kennen en waarin vrij solistisch optreden mogelijk is, komen het meest in aanmerking."

Daarna volgde een hele opsomming van functies waaraan gedacht kon worden. Met als slotopmerking: "Rekenkundig werk boeit hem eveneens en hij bezit sterke numerieke capaciteiten. Een functie op dit terrein komt na scholing eveneens in aanmerking, bijvoorbeeld kassier of boekhoudkundig medewerker."

Als ze nog wat gewacht zouden hebben hadden ze aan die lijst nog kunnen toevoegen: "Meneer kan ook schrijven, want hij heeft een boek geschreven en een promotionbrochure. Een functie op het secretariaat is, na intensieve training, niet uitgesloten."

Uit de test was gebleken dat ik voor een heel scala van beroepen in aanmerking kon komen. Die uitslag was een andere dan waar men wellicht op had gehoopt. Op basis ervan kon ik in elke geval niet in de WAO worden gedumpt, zoals eerder was geopperd. Dat was mede het gevolg van een voorgenomen kabinetsbesluit om drastisch in te grijpen in de manier waarop de WAO werd misbruikt. Bovendien was het standpunt van de bedrijfsarts bekend: ik was volledig arbeidsgeschikt.

Na de uitspraak van de ambtenarenrechter diende ik terug te keren naar het rayon Havenstraat, waar ik voorlopig een plaats kreeg in de portiersloge. Om wat tot rust te komen nam ik eerst een paar dagen verlof. Mijn leven naast het werk moest gewoon door kunnen gaan, vond ik. Het kon niet zo zijn dat de een of andere groep mensen kon bepalen wat ik in mijn vrije tijd deed.

DISCRIMINATIE?

Mensen van een politieke partij vroegen me plaats te nemen op hun lijst voor de komende verkiezingen voor de stadsdeelraad Amsterdam-Zuidoost. Ik zei ja. Conform het Ambtenarenreglement Amsterdam vroeg ik om één extra verlofdag per maand wegens politiek-democratische activiteiten. Ik kreeg die dag zonder problemen. Ik bracht hier zelf een "persoonlijke zaak" ter sprake, maar ik vond dat het GVB voor de rest met die zaken niets te maken had. En daarom wilde ik ook geen gebruik maken van mogelijke andere voorzieningen in dit verband.

Het behoeft geen betoog dat men mij in de Havenstraat absoluut niet terug wilde hebben. En al zeker niet op de tram. De opstelling was: Anthony weg van die tram, Anthony weg bij het GVB, Anthony weg bij de gemeente en als het even kan Anthony weg uit Amsterdam.

Ik moest ondanks de uitspraak van de rechter op 21 januari alles inleveren: uniform, administratie, geldcassette, pet, handtas, zonnebril en ambtenarenfluit. Eind januari begon de zogenaamde herinstructie op de tram. Maar wat te verwachten viel gebeurde: wát ik ook deed, niets was goed. En de hoofdinstructeur rapporteerde aan de rayonmanager: "Ik adviseer dan ook de opleiding te stoppen."

12. EEN BRIEFJE VAN DE ADJUNCT

Er werd uitvoering gegeven aan het advies van de psycholoog. Ik voerde tal van gesprekken met Personeelszaken en intussen werden allerlei brochures van studiecentra opgevraagd. Het was duidelijk dat van een terugkeer op de tram geen sprake zou zijn. De zogenaamde herinstructie was een aanfluiting – om toch maar iets te doen terwijl naar andere mogelijkheden werd gezocht.

Maureen Vreede trachtte mij te helpen bij het maken van keuzes. Soms leek het wel of zij zelf een nieuwe cursus wilde gaan volgen. Ze werd een soort consulente van me en dat verzwakte enigszins haar positie als vertrouwensvrouw.

Het gerucht deed de ronde dat men dringend op zoek was naar jurisprudentie waarmee de uitspraak van de ambtenarenrechter onderuit gehaald zou kunnen worden. Wellicht was er een element – iets dat met racisme en discriminatie van doen had – dat hij over het hoofd had gezien. Ik voelde me het lijdend voorwerp van dat juridisch gedoe. Maar ook wel als het middelpunt. En straks wellicht ook als martelaar – als een toekomstig standbeeld waarbij men eens per jaar bloemen zou leggen. Maar wat had ik daaraan, vroeg ik me af.

In een brief, gedateerd 26 april 1991, aan Swinkels van personeelszaken in de Havenstraat, schreef de vertrouwensvrouw: "Beste Gerard. Zoals afgesproken zou ik enig voorwerk doen t.a.v. van dhr. W. Anthony, bij een opleiding van zijn keuze. Wim en ik hebben uiteindelijk besloten met het Studiecentrum ASR in zee te gaan. Wim kiest voor de cursus computerboekhouden, gevolgd door het praktijkdiploma boekhouden. Het was niet mogelijk om in te steken in de basiscursus boekhouden, daar er al te veel tijd ligt tussen het tijdstip van aanvang en het een bijna onmogelijke inhaalmanoeuvre van Wim zou vergen. (…) In september begint dan de PD opleiding. Het is dus zaak om Wim zo snel mogelijk aan te melden." PD stond voor Praktijk Diploma (Boekhouden).

Wat ik al voelde aankomen gebeurde: ook over dit voorstel kwam weer gezeik. Bernard Kuyt was nog niet actief in beeld, maar ik ging ervan uit dat dit spoedig wel het geval zou zijn. Hij had me ooit gezegd "dat men mij een kunstje zouden flikken" en dat ik er dan definitief uit zou liggen. Achter de coulissen zou hij waarschijnlijk al wel bezig zijn om samen met Tjon A Lep dat kunstje voor te bereiden. Dat zou dan wat mij betreft de genadeklap zijn, zo dacht ik.

We zaten al in mei en de heer Janmaat, coördinator van het studiecentrum, liet aan Swinkels van de Havenstraat weten dat ik eerst de cursus basiskennis boekhouden moest volgen vooraleer ik de cursussen computerboekhouden en PD boekhouden kon doen. Op dat moment was het dus vooral van belang dat ik hoe dan ook die basiscursus boekhouden zou gaan volgen. Dit was het moment waarop Bernard Kuyt weer op het toneel verscheen. Hij kwam met een onderhandse overeenkomst met Tjon A Lep, waarin stond dat ik van 1 april 1991 tot en met 31 mei 1992 cursussen, trainingen en opleidingen zou gaan volgen. Een en ander volledig betaald door het GVB. En vervolgens kwam het kunstje. Want verder stond er: "Er zal geen enkele reden worden geaccepteerd voor het niet volgen van de afgesproken cursussen, trainingen en opleidingen, anders dan door de bedrijfsarts bevestigde langdurige ziekte. (…) Indien de heer Anthony gedurende bovengenoemde periode van 1 jaar niet in staat is gebleken om de benodigde kennis te vergaren voor het uitoefenen van een andere functie, zal een ontslagprocedure op basis van ongeschiktheid voor de huidige functie worden opgestart." Men had het dus opnieuw zo gedraaid dat een mogelijke reden voor ontslag was gecreëerd, en deze keer zou discriminerend gedrag van collega's daarbij voor het GVB geen hinderende factor zijn.

Ik zag het papiertje voor het eerst op kamer 52 bij Vreede, waar toen ook Kuyt aanwezig was. Het leidde tot een heftige confrontatie. "Waar zijn jullie mee bezig?" zei ik. "Willen jullie me afmatten? Het is niet eens vijf maanden geleden dat er een rechtszaak was tegen mijn vorige ontslag en nu beginnen jullie alwéér!"

Ook Kuyt verhief zijn stem. "Als je dit niet tekent," zei hij, "zal ik meteen een ontslagprocedure opstarten. Een denk maar niet dat je dan van je uitkering kunt leven, want die gaat omlaag." Ik werd zo kwaad over de grijns op zijn gezicht dat ik hem bijna een klap voor zijn kanis had gegeven.

Ik keek Vreede aan in de hoop dat ze me zou steunen. Maar het was alsof ik naar een dode keek; ze verroerde zich eenvoudig niet. Even bleef het stil; toen schoof zij haar stoel achteruit en ging me vanachter die stoel staan aankijken. Het was duidelijk dat ze allebei behoorlijk kwaad op me waren. Door mijn opmerking over dat rechterlijk vonnis voelden zij zich kennelijk in een hoek gedreven.

"Je moet het nu van goodwill hebben," zei de vertrouwensvrouw. "Het zal kwaad bloed zetten als je weer je advocaat inschakelt. Het liefst zouden we zelf even met haar willen spreken. Wil je ons haar telefoonnummer geven?" Aan Kuyt zag ik dat als hij zijn zin niet zou krijgen, dit uit de hand zou lopen. Ik herinnerde me hoe hij, toen we na het gesprek met Tjon A Lep diens kamer uitliepen, tegen me had gezegd: "Eerstdaags zet ik een revolver tegen je kop." Ik wist toen niet wat ik hoorde.

Telkens wanneer ik bij hem op kantoor was riep hij de directiesecretaris erbij. Hij mompelde wat met hem maar kreeg kennelijk altijd "nee" te horen. Waar het dan over ging weet ik niet. Om financiële hulp misschien, of om een functie waarin ik geplaatst zou kunnen worden.

Maar daar zat ik dus in de kamer van de vertrouwensvrouw, tegenover twee mensen die zich jaren hadden voorgedaan als degenen die mij zouden gaan helpen. De een allochtoon, de ander autochtoon. Een derde allochtoon, Tjon A Lep, zat intussen boven op zijn kantoor of liep weer ergens iets te organiseren.

74

Ik begon in die kamer een beetje de hoop te verliezen. Het enige wat ik nog kon doen was mijn advocaat oppiepen. Ik beschreef haar het briefje. Er stond geen handtekening op en ook geen datum. Mijn advocaat kon er daarom niets mee; ze deed er althans niets mee. Ik voelde me verslagen, moe en verdrietig. Vreemde gedachten gingen door mij hoofd. Zoals: "Wie kan mij nu nog psychische schade berokkenen? Voor die mensen moet ik uitkijken."

Maar het gevoel van vertrouwen in mijzelf zouden ze niet breken! Wat dat betreft had ik lang geleden al de nodige geestelijk barricades opgeworpen. Omdat ik immers tevoren had geweten wat er zou kunnen gebeuren. En het wás gebeurd; de laatste capriool met dat cursusbriefje bevestigde het nog maar weer eens.

Ach – het was allemaal zo logisch. Met zoveel mensen, uitgezonderd een drietal, die binnen het GVB als het ware een blok tegen mij hadden gevormd was de afloop voorspelbaar geweest. En al die mensen bij het GVB moesten nu weer met elkaar verder: Vreede, Swinkels, Kuyt, Boelandt, Boers en noem maar op. Ze zouden voor mij heus niet met elkaar op de vuist gaan. Allemaal hadden ze nu zo iets van: "Slik dit of val dood."

Bij Boers, de chef Rijdiensten, ben ik hoogstens twee keer op kantoor geweest. "Nou praten we jouw advocatentaal," zei hij eens. Verder wilde hij niet op de hoogte raken van mijn zaak: "Hoe minder ik weet, hoe veiliger ik me voel."

DISCRIMINATIE?

Sinds april slingerde "het papiertje van Tjon A Lep" van fax naar fax binnen het GVB. En misschien ook wel daarbuiten. Maar eind mei moest er een beslissing over worden genomen. Kennelijk was het toch niet belangrijk genoeg om er tijdens kantooruren over te praten. Er werd een afspraak gemaakt voor na vijf uur. In de Havenstraat, want daar was de zaak door Tjon A Lep neergelegd. Bij het gesprek waren aanwezig: rayonmanager Stuurman, Bernard Kuyt namens de centrale medezeggenschapscommissie en vertrouwensvrouw Maureen Vreede, die mede Tjon A Lep vertegenwoordigde. En ik dus.

De bedoeling was aanvankelijk dat de overeenkomst van GVB-zijde zou worden ondertekend door Stuurman. Maar die wilde daar kennelijk niet aan. Rook hij onraad? Speelde zijn geweten hem parten? Maar hij vond het wel goed dat de ondertekening op zijn kantoor zou plaatsvinden. Het document werd op tafel gelegd; en ik dacht dat ik blind werd. Want wat stond daar? De handtekening van Tjon A Ten. Nu was dat briefje ineens een heel stuk "zwaarder" dan toen ik er telefonisch met mijn advocaat over had gesproken. "Waarom doet die man dat nou?" vroeg ik me af.

Maar ik kon me nog altijd verzetten. Ik kon nog altijd zeggen: "Nee, ik teken dit niet." Maar de dreigementen die ik de laatste maanden had gehoord waren niet mis geweest. Wat zouden de consequenties zijn als ik in mijn opstelling volhardde? Het papier lag daar, op een glimmend eikenhouten tafelblad. Iedereen zweeg. Ik keek eens naar Maureen en vervolgens naar Kuyt. De vertrouwensvrouw schoof achteruit op haar stoel en Kuyt legde zijn beide vuisten op tafel. Stuurman keek beiden eens aan en zei: "Een status quo dus."

En ik? Ik ging door de knieën; ik tekende. Er moesten nogal wat gemengde gevoelens heersen in deze kamer, dacht ik. Stuurman ging een zijkamer in; Kuyt riep nog iets tegen hem en ging hem toen achterna. Vreede bleef zwijgen. Kort daarop nam Stuurman ontslag bij het GVB.

Zelf ging ik naar huis met het gevoel dat ik nu een vogelvrij verklaarde was. Dat dit gevoel mij niet bedroog zou de komende maanden blijken. De zaak was beklonken. Er zou alleen nog maar wat fijntjes gemanoeuvreerd moeten worden en dan was het wachten op de dag van de executie.

Het GVB had voor mij bij het studiecentrum een privé docent geregeld voor het vak basiskennis boekhouden. Mijn rooster in de loge van de Havenstraat werd aangepast en in "week 24" begonnen mijn privé lessen. Maar er waren meteen al weer problemen. Want die roosterwijziging hield onder meer in dat een collega van de vroege dienst, die eigenlijk om elf uur 's ochtends naar huis mocht, tot één uur op mijn terugkomst moest wachten. En natuurlijk werd over dit soort dingen door collega's geklaagd. En er kwamen weer de bekende verwijten. Ik zou telefonisch verkeerde diensten doorgeven aan trambestuurders die reservedienst hadden – en meer van die dingen. En een collega die een eigen vakbond wilde oprichten "omdat allochtonen de voorkeur genoten" kwam op me af "om dat probleem even op te lossen". Het oude liedje kortom. Niet iedereen was gelukkig zo vijandig. Er was een trambestuurder die tegen de rest zei: "Laat die jongen nou met rust." Maar hij was een uitzondering. Voor het overige was de boodschap duidelijk: ik moest weg uit die portiersloge van de Havenstraat.

De laatste dag van de privé lessen was op 4 juli. Maar ik diende snel een andere werkplek te krijgen, anders zou ik het wat het bijwonen van die lessen betreft niet redden. Op 4 juni liet Swinkels een briefje voor me achter: "Wim. Ik heb een gesprek gearrangeerd voor een andere baan op woensdag 5/6/91 11.30 uur bij PAZ. " PAZ was de afdeling Personeel en Arbeidszaken.

Eindelijk een echte baan, dacht ik. Maar nee hoor; weer een "mutatieplaats". Dit keer bij Werkvoorbereiding & Planning. Met ingang van 15 juli. Dat was de derde keer in één jaar dat hij GVB mij ondanks mijn geslaagde examens afschoof naar zo'n soort baan.

Ik kreeg een paar dagen studieverlof; ik kon thuisblijven tot na de laatste privé les. Nog even volhouden, dacht ik; het is bijna voorbij. Maar ik was weer eens te optimistisch. Want het GVB kon wel een privé docent regelen, maar geen privé examencommissie. Ik had mijn lessen keurig gevolgd, maar het lukte gewoon niet om mij op tijd examen te laten doen. Ik zou een jaar moeten wachten. Maar in de tussentijd zou de termijn verstrijken die in de overeenkomst met Tjon A Lep was gesteld. Bernard Kuyt vond dat dit geen rol mocht spelen. "Hij gaat gewoon naar de volgende cursus," zei hij.

Bij de afdeling Werkvoorbereiding & Planning was het intussen weer het gebruikelijke liedje. Was ik er om te werken of was ik er alleen maar gedumpt? Dat gaf weer wrijvingen. Zozeer zelfs, dat de psycholoog een dagje langs kwam om te zien wat er met mij dan wel voor bijzonders aan de hand was. Gelukkig was het vakantietijd en kon ik weer even onderduiken; van 31 juli tot 26 augustus. Vervolgens ging ik weer van gesprek naar gesprek, bijna elke dag. Op een gegeven moment bleek dat de privé docent spoorloos was. Het studiecentrum wilde graag officieel van hem horen dat ik de cursus basiskennis boekhouden had gedaan. Maar men kon hem nergens vinden. Ik begon enigszins te twijfelen. Was het wel een echte docent geweest of iemand die door het studiecentrum snel even was ingehuurd om een grote klant, het GVB, te plezieren?

Hoe dan ook, een examen om te toetsen of ik genoeg basiskennis van het boekhouden had, was ineens niet meer nodig. Ik kon zo doorgaan naar de cursus boekhouden PD. Die begon medio september. Het werd een moeilijk karwei. Overdag had ik een zware klus op de werkvloer, 's middags kwam ik redelijk bekaf thuis en dan moest ik een paar uur later weer op cursus. Ik raakte uitgeblust. Naar buiten toe deed ik zo opgewekt mogelijk, maar geestelijk was ik aan het einde van mijn Latijn. "Als dit zo doorgaat val ik er nog eens bij neer," dacht ik.

De chef Centrale Technische Dienst in de Tollenstraat wilde me helpen. Ik kon bij de CTD komen werken; men zou mij daar accepteren. Maar die boekhoudcursus zou ik in mijn vrije tijd moeten blijven doen. Want men had er mensen nodig die werkten; geen lieden die even aanwezig waren en dan weer vertrokken. Ik zag een overstap naar de CTD ook als een mogelijkheid om van die overeenkomst met Tjon A Lep af te komen.

Op 15 november meldde ik me bij het bedrijfsbureau van de CTD bij de heren Leuring van Personeelszaken CTD en Carelse, de chef. Ik had er een goed gesprek met de chef en kreeg te horen dat ik er kon beginnen. Toen ik dat in de Havenstraat aan Swinkels vertelde zei ik hem ook, dat het gewraakte briefje van de adjunct-directeur nu zijn geldigheid had verloren, want dat wat erin stond niet meer uitvoerbaar was. Noch ik noch het GVB konden zich nog houden aan de inhoud ervan. Hij was het daarmee eens en zou het hogerop bespreken.

En toen deed ik iets stoms. Op maandag 18 november belde ik Kuyt met de mededeling dat het erop leek dat ik eindelijk een vaste werkplek had gevonden. Had ik niet moeten doen, besefte ik meteen. Want hij werd woest. "Niets ervan," zei hij. "Jij gaat onmiddellijk terug naar de Havenstraat! En aan die overeenkomst wordt niet getornd." Ik keek de chef CTD aan en nam afscheid.

Al had ik nog zo mijn best gedaan, Tjon A Lep bleef vasthouden aan die onmogelijke overeenkomst. En mijn vaste baan bij het GVB ging opnieuw niet door.

13. "BEMIDDELING"

Swinkels wist het nu ook niet meer. Nadat ik twee dagen had rondgehangen in de Havenstraat zei hij: "Wim, ga naar huis en blíjf thuis totdat er een oplossing gevonden is." Later stuurde hij een brief, gedateerd 2 december 1992, waarin hij een en ander bevestigde: "Helaas is het tot nu toe niet mogelijk gebleken een geschikte mutatie-plaats te vinden. Derhalve zie ik geen andere oplossing dan u tot nader order toe te staan om niet op uw werkplek te verschijnen. Met andere woorden: tot nader order hoeft u niet te werken en kunt u uw tijd naar eigen goeddunken indelen."

Op die manier kwam er ook een einde aan mijn cursusmartelgang. Wat betreft de vervolgopleiding was het gebleven bij een paar lessen. Ik gaf aan iedereen door dat ik het even niet meer aan kon.

Swinkels belde me in december een paar keer op. De feestdagen kwamen eraan en dat was misschien een mooie gelegenheid om in een gezellige omgeving wat met elkaar van gedachten te wisselen. We maakten een afsprak voor een zaterdagavond in de bar van het Okura Hotel. Je had vandaar een prachtig uitzicht op "Amsterdam by night". Op het Scheepvaarthuis gingen geruchten dat Swinkels biseksueel was. En zwarte jongens zouden zijn voorkeur genieten. Maar ik had niet het gevoel dat hij mij wilde versieren. En al zou dat wel zo zijn geweest dan zou het hem niet zijn gelukt want hij was mijn type niet.

We babbelden wat en we dronken wat. Voor we afscheid van elkaar namen aten we een shoarma. "Die bonnetjes kun je eventueel nog als werkoverleg declareren," grapte ik nog.

Om administratieve redenen bleef ik geregistreerd staan bij het rayon Havenstraat. Intussen gebeurde er echter nog van alles met mijn dossier – maar daar kwam ik pas later achter. Vanuit het Scheepvaarthuis belden Kuyt en Vreede wel eens op. Kuyt gaf me zelfs ook zijn thuisnummer. Vreede was terughoudender. "We moeten de vinger aan de pols blijven houden," zei ze. Even dacht ik dat ze misschien bang waren dat ik zelfmoord zou plegen.

In het bedrijf ontstond geroezemoes. Er was sprake van dat er 800 arbeidsplaatsen zouden verdwijnen bij het GVB. Er kwam een reorganisatie aan. Ik moest denken aan wat Swinkels me eens gezegd had: "Als ze je eruit willen trappen dan doen ze dat gewoon in het kader van een reorganisatie." Zo ver leek het nu dus te zijn.

Een team van ambtenaren dat eerder de Dienst Was-Schoonmaak-Bad-en Zweminrichtingen had afgebouwd, werd binnen gehaald om schoon schip te maken bij het GVB. Deze ambtenaren hadden een goede reputatie opgebouwd wat betreft het herplaatsen van overtollig personeel. In een rapport had mevrouw Gerda Schouten van het team het als volgt verwoord: "Wij hebben inmiddels honderden mannen en vrouwen (met name ongeschoold en vele etnische groepen) omgeschoold en naar (vaak hogere) administratieve functies gebracht."

Op 30 december 1991 had ik om elf uur een afspraak met Vreede en Kuyt in kamer 52. Ik kreeg er te horen dat ik naar het Keerpunt Bemiddelingsteam zou worden doorgeschoven. Het was opnieuw een draaideur-constructie. Ondoordacht en ook niet volgens de regels. Maar weigeren kon ik niet, want dan zou ik niet voldoen aan de inspanningsverplichting die me door Tjon A Lep was opgelegd.

De bemiddeling zou in het voorjaar van 1992 beginnen. Maar intussen was er geen werk voor me en zat ik thuis. Bernard Kuyt belde me op. "Wat denk je," zei hij. "Dat je thuis kunt blijven zitten en een salaris opstrijken terwijl wij het werk zitten te doen? Kom onmiddellijk naar het Scheepvaarthuis." Ik had thuis toch niets te doen, dus ging ik meteen naar kantoor. Dat was in januari 1992.

Zo kwam ik terecht bij de afdeling Bezettingsgraadmeting (BGM) op het hoofdkantoor, bij Leo de Jonghe. Op die afdeling werd een databank bijgehouden over het rijden van de bussen. Dat werd geregistreerd op cassettes in de voertuigen. Om de zoveel tijd werden die omgeruild, waarna de gegevens die erop stonden in een aparte kamer van BGM verwerkt werden tot leesbare informatie. BGM was, zo bleek me, een afdeling waar ook mensen met een medische mutatie geplaatst werden.

Ik bleef bij BGM tot er weer beweging in de tent kwam. De afdeling werd geautomatiseerd en als gevolg daarvan werd personeel overbodig. En dat gold natuurlijk ook voor mij. Begin augustus ging ik naar de Algemene Dienst, de afdeling Post- en Archiefzaken. Ik meldde me daar op 10 augustus 1992 bij de heer Bervoets. Ik zat er tussen de oude dossiers, waaronder bankafschriften waarbij miljoenen erop en eraf gingen.

Maar het was al bekend dat ook op deze afdeling te zijner tijd mensen weg zouden moeten. Ik kreeg het gevoel dat ik op een glijbaan was gezet – ik zou heel subtiel worden weggewerkt. Die glijbaan was het Keerpunt Bemiddelingsbureau. Van de andere kant kreeg ik het gevoel dat als ik maar erg mijn best deed ik misschien bij deze afdeling kon blijven. Er waren echter nog altijd veel te veel mensen met mij bezig en ik had niet de fut om het recht op een van de formatieplaatsen te claimen.

Bovendien hád ik niets te claimen. Want ik had niet de goede status – en men wist dat. Een arbeidsplaats claimen kon alleen maar door personeel dat tot de zogeheten "RAP'ers" behoorde. Dat waren mensen die als gevolg van reorganisaties, bezuinigingen of medische oorzaken buiten hun schuld hun baan bij de gemeente waren kwijtgeraakt. Zij mochten voorrang eisen bij het verkrijgen van een nieuwe functie. Maar ik had intussen een vol jaar gewerkt bij de Algemene Dienst en ik vroeg me af of ik daardoor misschien een tijdelijke baan kon opeisen.

Het Keerpunt Bemiddellingsteam dacht gebruik te kunnen maken van mijn netwerk van kennissen. Maar hier had je weer die bemoeienis met mijn persoonlijke levenssfeer. Ik werd er niet goed van. Toen het team niet voldoende slaagde in zijn opzet probeerde men de schuld af te schuiven op anderen. Het team zat zelf trouwens ook op de schopstoel. Zo moest het zijn eigen functie bij de Was-Schoonmaak-Bad-en Zweminrichtingen schrappen.

Toen mijn definitieve ontslag voor de rechtbank diende – hierover later meer – zou Gerda Schouten schriftelijk onder meer stellen: "Bovendien werden mijn activiteiten met Anthony bemoeilijkt door de contacten die hij binnen het GVB onderhield. (...) Hij had daar contacten met twee personen welke hem in de eerste procedure rond zijn persoon hadden ondersteund. Er werd valse hoop gegeven."

Schouten noemde voor de rechter ook mijn "privé business". Dat was mijn werk als zanger. In 1992 had ik een CD gemaakt: "A helping Hand". Dat was volledig in mijn vrije tijd gebeurd, en zonder enige financiële steun van het GVB. Wel was het zo, dat ik om mijzelf als zanger te promoten een klein boekje had gemaakt en dat dit door de afdeling Repro van het GVB was gedrukt. Dat was een voorziening die voor alle personeelsleden open stond. Het was dus helemaal geen uitzondering, en zeker niet het voortrekken van een allochtoon. Op de zolder van het Scheepvaarthuis had iemand bijvoorbeeld een boekingsbureau voor artiesten. Dat was een uitstekend lopende privé business op het werk. Het bureau organiseerde bijvoorbeeld het Jordaan Festival. Zelf ben ik ook eens opgetreden op dat festival.

De boosheid van Gerda Schouten kwam voort uit het feit dat ik geweigerd had mijn netwerk van kennissen in allerlei branches bloot te leggen. Mij was gevraagd een lijst van namen te maken van mensen die ik kende. Met die lijst in de hand zou het Keerpunt Bemiddelingsteam aan de slag gaan om te kijken of die mensen iets voor mij konden doen. Maar ik wilde absoluut niet dat dit zou gebeuren; het zou de indruk wekken dat ik bedelend rondging onder mijn vrienden en bekenden.

Volgens Gerda Schouten zou dat weigeren als een in selffullfilling prophecy gewerkt hebben. Nou, ik maakte haar duidelijk dat ik in dat flauwekul niet geloofde.

Als het aan in selffullfilling prophecy zou liggen, dan zou ik allang miljonair geworden zijn. Daar droom elke dag van!

Bij mij versterkte zich steeds meer de indruk dat men nog altijd werkte aan mijn ontslag. In de Havenstraat zouden ze wel naarstig op zoek zijn naar de juiste formuleringen en de juiste gronden om mij te kunnen lozen. Zo was het bij de eerste poging om mij te ontslaan immers óók gegaan...Waarom zou ik dus, dit overwegend, ook nog mijn privé adressenbestand met namen en telefoonnummers aan de gemeente afgeven?

Ik merkte echter dat men, gezien mijn activiteiten in de muziek- en theaterwereld, toch had onderzocht of daar voor mij wellicht mogelijkheden lagen. Er waren ondanks mijn bedenkingen brieven rondgestuurd naar mensen uit de muziek- en theaterwereld die ik ooit ergens had ontmoet en naar bedrijven die iets met de showbizz van doen hadden: John de Mol, de NOS, Radio Amsterdam, het Antillenhuis en enkele theaters en privé personen. Schouten: "Die brieven zijn door mij gemaakt, omdat hij dat zelf niet goed kan. Hij heeft alleen zijn handtekening hoeven plaatsen."

Als beginnend student rechten stond ik er een beetje versteld van dat een overheidsinstantie zozeer in de privé levenssfeer van een burger kon binnendringen. Ik protesteerde er ook tegen. In mijn herberg was geen plaats voor dat soort gedoe. Maar bij de behandeling van mijn ontslag pikte de rechter het op toen het ging om de "inspanningsplicht" die de gemeente had gehad om mij aan werk te helpen. Hij zei iets in de trant van: "Nou ja, het heeft dan wel geen resultaat gehad, maar de gemeente heeft in elk geval wel iets gedáán."

In augustus 1992 vertrok ik uit het Scheepvaarthuis; ik ging naar een stageplaats – voor zes maanden – in het stadsdeel Zuidoost. Die was op de afdeling Infrastructuur. Ik sprak daar over mijn aanstelling met de heren J. Degens van het stadsdeel en B. Schaapman van het GVB. Mijn stagebegeleider was de heer Stevens. Maar er waren ook hier direct al twee minpunten. Om te beginnen was het niet meer dan een stageplaats, helemaal onderaan de lijst van vastigheid qua werk. En bovendien was ook in Zuidoost een reorganisatie op komst. Het stadsdeel moest zich gaan concentreren op zijn kerntaken. De gevolgen daarvan voor mij werden mij persoonlijk overgebracht door het hoofd van Infrastructuur. Ik lag er weer eens uit. Mijn "privé business" kon er nu echt niets mee te maken hebben. Dat ik weer eens met ontslag geconfronteerd werd deed me des te meer pijn omdat ik juist rond deze tijd weer een kleine cursus met succes had afgerond: die voor het "certificaat spreadsheat" van het boekhouden.

Ik had me bij de onvermijdelijke gang van zaken neergelegd. Het was wachten tot mijn dossier naar de burgemeester zou gaan voor diens handtekening – betreffende mijn ontslag. Dat daaraan gewerkt werd wist ik. Maar het ging wat heen en weer.

Op 23 april 1992 schreef Wim Boelandt me vanuit de Havenstraat: "Gezien de mogelijkheden en de positieve verwachtingen die mevrouw Schouten ten aanzien van een eventuele herplaatsing heeft uitgesproken, deel ik u mede akkoord te gaan met verlenging van de termijn, die u met de heer Tjon A Lep had afgesproken inzake de beëindiging van uw dienstverband." Hè, hè, dat was dan eindelijk eens door iemand op papier gezet. Boelandt vroeg mijn medewerking "om de nu reeds lang slepende zaak tot een goed einde te brengen". Ik vond dat wat vreemd en ook niet erg geloofwaardig. Want in een eerder stadium had hij mij klip en klaar laten weten: "Dit noopt ons per onmiddellijke ingang uw dienstverband te beëindiging." Daaruit had volgens mij zijn ware bedoeling gesproken. Maar daar moest hij nu kennelijk even op terugkomen.

Ik liep in die tijd rond met de gedachte dat juist omdat ik op tal van punten medewerking had verleend aan wat men met mij wilde, ik ten slotte terecht was gekomen op een stageplaats zonder perspectief in Zuidoost. De hulpverleners hadden gewoon het verkeerde traject gekozen om mij aan een passende functie te helpen. Ik had dat al in december 1991 tegen Bernard Kuyt en

Maureen Vreede gezegd, maar ze hadden niet naar me willen luisteren. De functie die ik toen bekleedde zou niet worden opgeheven, maar ik moest er kennelijk uit weg. "Geef me dan een andere," zei ik steeds. Het antwoord was altijd "nee" geweest.

14. EN VERVOLGENS ONTSLAG

Het ontslag waar ik al een tijd op wachtte kreeg ik ten slotte op 11 juni 1993. Het daartoe strekkende besluit droeg het nummer 373/3 CAPZ 1993. Officieel stond erin dat mij "wegens ongeschiktheid en/of onbekwaamheid anders dan uit hoofde van ziekten of gebreken, met ingang van 14 augustus 1993 ontslag uit de gemeentedienst was verleend".

Wat wás dan wel die "andere ongeschiktheid" vroeg ik mij af.

Mijn advocaat wees het GVB – te laat, volgens mij - op de RAP-regeling. Die kon toch voor mij worden aangewend? Maar namens het GVB antwoordde mr. R. Woesthoff in november 1993: "Tot de categorie RAP-ers behoren degenen wier functie als gevolg van een reorganisatie is opgeheven (R), degenen die zijn afgekeurd en herplaatsbaar verklaard (A), en degenen wier functie als gevolg van een posterioriteit (P) (bezuiniging) is opgeheven. (...) Derhalve is de heer Anthony geen RAP-er. (...) Die is uitdrukkelijk voorbehouden aan de bovengenoemde categorie van personeelsleden, die buiten hun schuld om zijn ontslagen."

Ook tegen dit ontslag ging ik in beroep bij de ambtenarenrechter. Mijn advocaat vroeg ook weer om een voorlopige voorziening, zodat ik aan het werk kon blijven. In zijn uitspraak over die voorlopige voorziening, gedaan op 1 september 1993, haalde de fungerend president van het ambtenarengerecht het roemruchte briefje van Tjon A Lep erbij. En eens te meer bleek wat voor laaghartige streek me daarmee in feite geleverd was. De rechter: "Tenslotte kan er niet geheel aan voorbij worden gegaan dat aan verzoeker in maart 1991 de conclusie omtrent zijn ongeschiktheid voor het werk als personen-vervoerder reeds is medegedeeld en dat hij toen heeft ingestemd met die conclusie, door de overeenkomst met de adjunct-directeur van het GVB te ondertekenen. Verzoeker heeft toen geen enkel voorbehoud gemaakt en ook nadien heeft hij tijdens de bemiddelingperiode nimmer aangegeven weer werkzaam te willen en kunnen zijn als personenvervoerder."

Dat was – vergeef me het woord – een lulverhaal van deze rechter. Want ik had door het ondertekenen van dat briefje helemáál niet ingestemd met de vaststelling dat ik ongeschikt was voor het personenvervoer. Ik was alleen maar onder grote druk, die verdacht veel op chantage leek, akkoord gegaan met de studiediscipline die mij werd opgelegd.

Bovendien was ik later nog wel eens op dat briefje teruggekomen. Dat was onder meer toen ik op 14 januari 1993 een gesprek had met Tjon A Lep over de manier waarop mevrouw Schouten voor mij bemiddelde. Ik had hem daar ook nog een brief over geschreven. Wellicht had ik dat toen niet duidelijk genoeg geformuleerd, of had ik dat briefje door mijn advocaat moeten laten sturen. Maar ook de bemiddelaars wilden niets weten van advocaten. Dat bleek wel uit een koele brief van mevrouw Schouten, waarin zij op 15 juli 1993 onder meer schreef: "Verder gaf U aan, brieven en/of andere mededelingen van mij aan Uw persoon, te richten aan Uw advokaat, Mevr. N. Kloot en geen contact meer met U op te nemen." Misschien is het allemaal niet helder genoeg overgekomen, dacht ik, en daarom ging ik nog maar eens persoonlijk naar het stadhuis om een en ander mondeling toe te lichten. Maar in feite had het allemaal weinig zin meer; er viel voor mij niets meer te redden – ook niet door een advocaat.

Intussen ging het gemiereneuk gewoon door. Toen ik me een keer ziek meldde in Zuidoost ging daarover meteen een melding naar de Havenstraat. Die stuurde een lekencontroleur op me af en die maakte een verkeerde aantekening. Gevolg: ik werd in de Havenstraat op het matje geroepen. Maar daar ontdekte men snel de gemaakte fout, hetgeen mij per telegram werd meegedeeld. Het luidde: "De afspraak met J. Brandt op 15-4-'93 is komen te vervallen. Nieuwe afspraak hoeft niet gemaakt te worden, daar u zich op 8-4-'93 wel aan de voorschriften arbeidsverzuim heeft gehouden."

Vlak voor de behandeling van mijn ontslag door de rechter hield mevrouw Kloot de advocatuur voor gezien. Ze wilde binnenhuisarchitect worden. Ze droeg mijn zaak over aan mr. R. van Diemen. Wat zij de rechter moest voorleggen was niet meer de simpele discriminatiekwestie die de ambtenarenrechter in eerste instantie had moeten beoordelen. Want bij het GVB had men zijn werk gedaan; het ging nu om heel iets anders, stelde de vertegenwoordiger van de gemeente. De vraag was nu: hadden de gemeente Amsterdam en het GVB voldoende gedaan om mij aan vast werk te helpen? Aan het begin van alle ellende, de discriminatie, werd voorbijgegaan. Het was een strategie die werkte, want deze keer kreeg de gemeente van de rechter gelijk. In de motivering van de uitspraak stelde deze onder meer:

"In het kader van de vorige procedure is bij uitspraak van 14 januari 1991 een voorlopige voorziening getroffen waarin is bepaald dat eiser in de gelegenheid diende te worden gesteld om vanaf 21 januari zijn werkzaamheden als aspirant-personenvervoervoerder te verrichten. Maar gelet op het feit dat de termijn voor een tijdelijke aanstelling was verstreken kon dit alleen geschieden door middel van een vaste aanstelling. Dit heeft geen nadelige invloed gehad op de rechtspositie van de heer Anthony.'

Dat klopte – voor een korte tijd.

De rechtbank overwoog verder:

"Uit de rapportage van mevrouw Schouten blijkt voorts dat verweerder (gemeente Amsterdam) voldoende inspanningen heeft verricht om eiser ander werk te verschaffen. Eiser is in de gelegenheid gesteld om diverse cursussen te volgen en verweerder heeft bemiddeld bij sollicitaties. (…) Dat dit alles niet tot gevolg heeft gehad dat eiser ander werk heeft kunnen vinden, is echter eerder te wijten geweest aan de ongunstige positie van eiser ten opzichte van kandidaten met de zogenaamde RAP-status, die naar dezelfde vacatures solliciteerden, dan aan de wijze waarop namens verweerder inhoud werd gegeven aan de bemiddelingspogingen."

Daarmee bevestigde de rechtbank ik feite wat ik al die jaren al tijdens talloze gesprekken als bezwaar naar voren had gebracht. Namelijk dat bemiddeling voor mij voor een baan binnen het GVB in feite nutteloos was, omdat ik niet voldeed aan de zogenaamde RAP-eisen. Dat wist Gerda Schouten ook en daarom koos zij voor dat geklier met mijn privé contacten.

De rechter schreef daarover: "De rechtbank overweegt hierbij dan ook dat een eventueel gebrek aan de kwaliteit van verweerders bemiddelingspogingen verweerder niet kan worden verweten, aangezien eisers formele positie niet gelijk was te stellen aan die van een RAP-per."

Kortom: het was allemaal drooggeilerij geweest terwijl men al lang wist dat er in feite niets uit zou kunnen komen.

Mijns inziens had de rechtbank even goed tot de conclusie kunnen komen dat de gemeente niet zorgvuldig genoeg had onderzocht of ik in een andere functie binnen de gemeente zou kunnen worden geplaatst. Een daartoe strekkend "herplaatsingsonderzoek" is er namelijk nooit geweest. Had men dat gedaan dan zou vastgesteld kunnen zijn of ik, zijnde geen RAP'er, al dan niet om andere redenen recht op een voorkeursclaim had.

Over de gronden die het GVB aanvoerde voor mijn ontslag zei

de rechter: "Volgens vaste rechtspraak van de Centrale Raad van Beroep moet onder ongeschiktheid van een ambtenaar voor zijn betrekking worden verstaan: het niet passen in die betrekking op grond van het behept zijn met eigenschappen van karakter, geest of gemoed. Deze functionele ongeschiktheid moet voorts blijken uit handelingen of gedragingen van de betrokken ambtenaar."

Ik bedacht wat dit in mijn geval had betekend. Als er maar genoeg collega's waren die rapportjes schreven – al dan niet waar – over mijn "karakter, geest of gemoed" en ze kregen daarbij steun van de leiding, dan was volgens de Centrale Raad van Beroep mijn lot bezegeld. Wist een rechter veel, dat die rapportjes niets anders waren dan de uiting van regelrechte discriminatie...

Mijn advocaat had in haar pleidooi nog met nadruk gewezen op die voorgeschiedenis, door onder meer te stellen: "Nadat die vaste aanstelling was gegeven, heeft Anthony nooit meer op de tram gezeten. Er was dus een arbeidsovereenkomst naar burgerlijk recht (zonder baan) én er was een vaste aanstelling (eveneens zonder baan). Het GVB zat echter in de problemen; het was in feite dubbel gebonden aan de heer Anthony. (...) Het plan werd bedacht om de 50/50 verklaring op te stellen, kennelijk als uitweg uit deze onmogelijke situatie. Het werd aan de vertrouwenspersonen (de heer Kuyt en mevrouw Vreede) overgelaten om Anthony te bewegen de verklaring te tekenen. In principe vond Anthony het best wel een goed idee. Omdat met ontslag werd gedreigd ingeval hij niet zou tekenen, heeft hij direct zijn misgenoegen kenbaar gemaakt. Maar het was stikken of slikken: Anthony koos ervoor om te tekenen."

De advocaat vond dat het ontslagbesluit subsidiair gegrond was op de stelling dat bemiddeling en opleiding niet tot plaatsing in een andere functie hadden geleid. "Maar waarom is een en ander niet gelukt?" vroeg ze en gaf daarbij een opsomming: "Allereerst vanwege de onduidelijkheid over de rechtspositie en de status van Anthony. Vervolgens vanwege de constructie van het 50/50-model. Tenslotte vanwege het verschil in opvatting over de bemiddeling tussen de bemiddelaar en de heer Anthony.

Wat punt één betreft: de rechtspositie en de status van de heer Anthony waren steeds onduidelijk. Zo bleek hij geen RAP-status te hebben, terwijl alle vacatures waarop hij met voorrang zou mogen solliciteren een dergelijke status vereisten (…) Van voorrang bij sollicitaties was dus geen sprake, althans niet om ook daadwerkelijk aangenomen te worden.

Het tweede punt: het 50/50-concept was weinig gelukkig gekozen, hoewel het op papier goed klinkt. De heer Anthony vloog van hot naar haar: werken hier en werken daar, studeren, bemiddelen hier, bemiddelen daar, gesprekken met Personeelszaken, gesprekken met vertrouwenspersonen, 's avonds laat thuis gebeld door Personeelszaken, afspraak 's avonds in de bar van het Okura-hotel, en dat allemaal níet gericht op een vaste baan.

Punt drie: het verschil van inzicht tussen bemiddelaar en Anthony. Mevrouw Schouten had duidelijk als opdracht om de heer Anthony te bemiddelen naar waar dan ook, als het maar niet bij het GVB was. Zij begon met het aanschrijven van de theater- en televisiewereld, zeer tegen de zin van de heer Anthony in. Daar had Anthony goede redenen voor. Ten eerste omdat hij bij het GVB wilde blijven; ten tweede omdat hij zijn hobby en privé contacten niet wilde mengen in zijn "arbeidsconflicten"; en ten derde omdat een baan in die branche niet bereikt kan worden met sollicitatiebrieven."

"Ten slotte nog even dit," aldus mr. Van Diemen. "Ten tijde van de eerste voorlopige voorziening in januari 1991, heeft de gemeente al moeten erkennen dat het GVB daar niet aan wilde. Toen uw voorzitter de gemeente in het ongelijk stelde, voelde het GVB zich nog immer niet aangesproken en dat is zo gebleven.

Aan de interne verhoudingen binnen de gemeente kunnen we niets veranderen. Het college van burgemeester en wethouders van de gemeente Amsterdam, dat nu weer wordt aangesproken, blijft verantwoordelijk."

Over het rapport van de vertrouwenscommissie betreffende de discriminatie werd niet meer gerept. Het verdween als sneeuw voor de zon. Mijns inziens had dat rapport ook in deze ontslagkwestie een belangrijke rol moeten spelen. Alleen dán zou er een juist beeld van de betrokken feiten en omstandigheden zijn geschetst. Want uiteindelijk was de hele situatie ontstaan door de gebeurtenissen van toen. In het vervolgtraject had de gemeente in alle redelijkheid en billijkheid best tot een andere oplossing kunnen komen, ware het niet dat men zich al die tijd had

97

blindgestaard op: ontslag, ontslag, ontslag. Kennelijk had de poging om "een grote groep mensen om te turnen" geen effect. Dat haat en nijd zat er al diep in.

Terwijl bij het GVB de ene partij te goeder trouw probeerde voor mij een oplossing te vinden, was een andere partij druk bezig met het wegmoffelen van de waarheid en het voorbereiden van mijn ontslag. En wat werd daarbij de situatie? De termijn voor een tijdelijke aanstelling was officieel verstreken. Maar dat hoefde geen reden te zijn om met allerlei toestanden en bombarie meteen te gaan werken aan mijn ontslag. Toch was dát wat er gebeurd was. Termijnen – ja, ze waren belangrijk. Maar het was de gemeente die er de oorzaak van was dat die termijnen verliepen.

In de Havenstraat had men mij de rijopleiding moeten laten volgen. Men zal gedacht hebben dat ik het, gezien de moeilijke omstandigheden, niet zou redden. Maar ik slaagde voor die rijopleiding én ik kreeg een goede beoordeling wat betreft een vaste aanstelling per 1 januari. Maar men wilde mij kwijt, en dus kwam er een tweede aanval. Het werden een aantal rapporten over mijn rijstijl. Die deugde niet, volgens de heren van het GVB, ondanks het feit dat ik mijn rijexamen met goed gevolg had afgelegd.

Daarop berustte het eerste ontslagbesluit. Destijds overwoog de voorzitter van het ambtenarengerecht dat "van een beginnend wagenbestuurder niet verwacht kan worden dat hij zijn functie direct optimaal vervult". Die uitspraak was duidelijk: het GVB moest mij op de tram laten rijden, desnoods nog enige tijd onder begeleiding. Maar alles duidt erop dat het GVB nooit uitvoering heeft willen geven aan dat rechterlijk vonnis. Want al vanaf mijn ontslag was men gaan praten over een beroepskeuzetest en een mogelijke andere arbeidsovereenkomst. De herinstructie die ik kreeg op de tram was een pseudo herinstructie – met voortdurend negatieve rapportages. Vervolgens kwam die overeenkomst met de adjunct-directeur. Stap voor stap werd zo aan de ondermijning van mijn positie gewerkt.

Ook bij de tweede rechtszaak was door mijn advocaat zoals gezegd een voorlopige voorziening gevraagd. De rechter wees die af. In zijn motivering stond onder meer: "Na het geschil omtrent de aanstelling in vaste dienst was het verzoeker bekend dat er kritiek bestond op zijn functioneren. Hij wist dus dat hij gedurende de herinstructie zijn werk zo goed mogelijk diende te verrichten."

Natuurlijk wist ik dat! Maar hoe kon ik mijn werk naar behoren doen terwijl bijna dagelijks uit de meest onverwachte hoeken weer een rapportje over mij verscheen. Ik had geen mogelijkheden om het allemaal uit te leggen en tegen te spreken. Het was tegen het lijf gericht. De instructeurs konden kennelijk opschrijven wat ze wilden, of dat nou waar was of niet. Ze waren trouwens niet onbevooroordeeld tegenover mij. En dat was eigenlijk ook niet zo gek. Iemand die voortdurend weg moest voor een gesprek hier of een gesprek daar, en die daardoor steeds andere instructeurs kreeg, dat werkte nou eenmaal niet lekker.

In het natraject van de eerste rechterlijke uitspraak was het aan het GVB geweest om het wederzijdse vertrouwen te herstellen. Maar wat gebeurde was precies het omgekeerde. Een "nieuw begin" was het doel geweest van mijn overplaatsing, indertijd, naar de Havenstraat. Dat was niet gelukt omdat een of meer van de leidinggevenden daar het niet eens waren met die overplaatsing en zich met mij "opgezadeld voelden". Naar mijn mening was dat een slappe reactie geweest. Want als leidinggevende dient men over enig incasseringsvermogen te beschikken. Men had in de Havenstraat een "vervelende opdracht" gewoon moeten uitvoeren en er niet als kinderen over moeten gaan zitten mokken.

De gevolgen waren een steeds maar dikker wordend dossier over mij en een kwestie die geheel onnodig uitgroeide tot een prestigezaak voor de leiding van het GVB. Een leiding, die als gevolg daarvan zelfs keihard weigerde een rechterlijk bevel uit te voeren. En dan de overvloed aan machtsvertoon waarmee dit alles gepaard ging! Die stond volgens mij in geen enkele verhouding tot de zaak waar het om ging.

Ik had de kwestie op een gegeven moment in de publiciteit kunnen brengen, maar ik voelde daartoe indertijd geen behoefte. De verhoudingen zouden er niet beter door worden. De mogelijkheid is in kamer 52 wel besproken, maar ik koos er toen voor niet publiekelijk met modder te gaan gooien.

De rechtszaak over mijn tweede ontslag diende op 23 januari 1995. Ik was er persoonlijk bij aanwezig en werd bijgestaan door mr. Van Diemen. Het GVB werd vertegenwoordigd door een gemachtigde van de gemeente. Wim Boelandt en Gerda Schouten waren er als getuigen. De laatste voerde onder meer aan dat het haar soms moeilijk viel met mij te communiceren. "Het is communicatief gezien heel moeilijk echt tot hem door te dringen," aldus Schouten. "Je weet vaak niet wat hij denkt of vindt. Soms heeft hij vreemde uitdrukkingen, die niet te begrijpen zijn. Soms drukt hij zich uit in denkvormen en laat daarbij halve zinnen weg. Ik ben er niet achter of dit al dan niet bewust gebeurt. Ik heb wel eens met hem gesproken over mijn ervaringen en dat mijn mogelijkheden klein zijn." Zij vertelde ook, dat haar bemiddelingswerk in 1991 was beloond met de prijs van het AenO-fonds. Het werd mij duidelijk dat de bemiddelaarster een voor mij positieve uitspraak van de rechter als een klap in het gezicht zou ervaren.

Op 6 maart 1995 werd vonnis gewezen. Het GVB werd in het gelijk gesteld; de rechter vond mijn ontslag terecht. Ik kon me, toen ik dat hoorde, niet aan de indruk ontrekken dat de rechter simpelweg gezwicht was voor het GVB. Subsidiair was ook volgens mijn advocaat het ontslag weliswaar gegrond, maar bij inachtneming van alle omstandigheden zou primair mijn ontslag al ongegrond moeten zijn verklaard. Mij kon immers niet verweten worden dat ik niet had meegewerkt aan de bemiddelingspogingen. Ik had om die reden zelfs allerlei informatie verschaft, inclusief namen en adressen van mijn privé contacten.

Anderzijds proefde ik ook dat de rechtbank mij eigenlijk in bescherming wilde nemen tegen het 'ziekmakende', wat het ook was, bij het GVB. Dat ik het daar tenslotte nogal angstaanjagend was gaan vinden had hij waarschijnlijk wel aan mijn gezicht gezien. Opvallend was ook de reactie van de advocaat buiten het rechtszaal. Ze zei: "Ze hadden jou nooit in dienst moeten nemen". Dus eigenlijk stond ze niet achter mij maar steunde zij het GVB.

Geestelijk ben ik niet kapot gegaan aan de hele zaak. Het is eerder andersom; ik ben er mentaal sterker van geworden. Bovendien: het leven biedt te veel goede dingen om die te laten bederven door te blijven kniezen over ellende die anderen je hebben bezorgd. Via het dat-gaan-we-even-regelen-circuit bij het GVB had ik misschien bij het bedrijf kunnen blijven, maar dan had ik bij deze en gene moeten gaan slijmen, en dat wilde ik niet. Daar kwam bij, dat intussen veel te veel mensen binnen en buiten het GVB met mij bezig waren; ik zag door de bomen het bos niet meer. En die mensen werkten ook nog eens flink langs elkaar heen. Tot slot was er dan nog dat beruchte briefje van Tjon A Lep; het zou altijd als een zwaard van Damocles boven mijn hoofd blijven hangen.

Enkele ex-collega's zag ik later nog wel eens bij toeval in de buurt van mijn huis. Van een paar metrobestuurders hoorde ik:

"Eindelijk heeft het recht gezegevierd." Een andere ex-collega ontmoette ik in de metro. "Ik vind je zielig," voegde hij mij toe. Johan van Staveren, een ploegchef bij de metro, zag ik enkele keren vanachter mijn raam in de straat waar ik woon naar boven kijken. Ook had ik eens een optreden voor de deur van zijn huis tijdens een jaarwisselingsfeest. Wim Boers met vrouw en kinderen sprak ik nog eens op het plein. Toen Boelandt mij eens een keer dreigde tegen te komen wist hij niet waar hij zo snel naartoe moest. Bernard Kuyt stond een keer naast me in de metro; hij deed alsof hij me niet zag. John Tjon A Lep liep ik tegen het lijf op het Kwakoe Festival, waar ik in de Antilliaanse tent een optreden had. "Ja, je moet uitkijken met wat je ondertekent," was het enige dat hij tegen me zei. Vreede zag ik nog eens toen ze met een bos bloemen in de hand over het Bijlmerplein liep. Over De Beer hoorde ik dat het hele gedoe bij hem tot een hartaanval had geleid.

Mijn juridisch dossier bleef nog enige jaren op twee advocatenkantoren liggen.

15. DE ONDERSTE STEEN

Bij mij bleef de vraag over de arbeidsovereenkomst naar burgerlijk recht hangen. Ik was ook nieuwsgierig naar de inhoud van het dossier. Het was rommelig en behoorlijk dik. Bij mij thuis bleef het ook lang in een hoek liggen. Ik had geen flauw idee wat ik ermee moest doen. Dat kwam later pas, toen ik naar de inhoud ben gaan kijken. Het viel me op dat er een stilte is gebleven rond de arbeidsovereenkomst naar burgerlijk recht. Het ging alleen maar over de aanstelling als ambtenaar (een eenzijdige publiekrechtelijke rechtshandeling waarmee iemand als ambtenaar benoemd wordt). Het werd tijd om vragen over de arbeidsovereenkomst (de tweezijdige rechtshandeling naar burgerlijk recht) te stellen aan het gemeentebestuur van Amsterdam. Maar telkens weer schuilde het zich achter het ontslagbesluit van 11 juni 1993. Er bleef niets anders over dan in beroep gaan bij de Rechtbank Amsterdam, sector Bestuursrecht.

De rechtbank heeft het beroep tegen het besluit van de gemeente Amsterdam gegrond verklaard, dat besluit vernietigd en bepaald dat de rechtsgevolgen van het vernietigde besluit in stand blijven. Zij heeft daartoe enerzijds overwogen dat mijn bezwaar ten onrechte is opgevat als een bezwaar tegen een in 1991 genomen besluit. Anderzijds heeft de rechtbank de niet-ontvankelijk verklaring juist geacht, omdat de brief van 7 april 2008 niet is aan te merken als een besluit in de zin van artikel 1:3 van de Algemene wet bestuursrecht (Awb). Maar het was mij niet

duidelijk om welk besluit uit 1991 het ging, want er waren er twee: de arbeidsovereenkomst op grond van de Arbeidsovereenkomstenverordening Amsterdam en de vaste ambtelijke aanstelling op grond van het Ambtenarenreglement Amsterdam. Of misschien waren er wel drie besluiten. Want na de uitspraak van 14 januari 1991 was het voor mij niet meer duidelijk of de arbeidsovereenkomst naar burgerlijk recht nog steeds van kracht was.

Het ontslag uit de gemeentedienst in de functie van personenvervoerder stond al buiten kijf. Maar was het tevens als ambtenaar als zodanig alsmede civiele werknemer? Als trambestuurder heb ik in ieder geval nooit gewerkt. En ik had het idee dat de gemeente weigerde een besluit te nemen op mijn verzoek om duidelijkheid te verschaffen over voortzetting van de arbeidsovereenkomst. Dus zette ik hoger beroep in bij de Centrale Raad van Beroep in Utrecht. De Raad liet er geen twijfel over bestaan. Ten aanzien van de arbeidsovereenkomst merkte de Raad op **"dat een beslissing betreffende de arbeidsovereenkomst, een rechtshandeling naar burgerlijk recht, niet als een besluit – een schriftelijke beslissing, inhoudende een publiekrechtelijke rechtshandeling – kan worden aangemerkt. Het tegen de brief van 7 april 2008 gerichte bezwaarschrift is dus ook om die reden niet-ontvankelijk."** En daarmee werd het gemeentebestuur helemaal uit de schuilplaats gerookt.

Op die aanwijzing van de Centrale Raad van Beroep is er in 2010 een zitting geweest bij de Rechtbank Amsterdam, Sector Kanton, over de arbeidsovereenkomst naar burgerlijk recht, waar ik eindelijk mijn vordering op tafel kon leggen.

Na het instructievonnis van 22 juli 2010 is de procedure schriftelijk voortgezet. De kantonrechter deed op 18 november 2010 uitspraak: "Gezien het hiervoor onder 3 en 4 vermelde, dient het feitelijke einde van de door Anthony bedoelde civiele arbeidsovereenkomst gesteld te worden op de dag vóór 1 januari 1991 (de ingangsdatum van zijn vaste aanstelling als ambtenaar), of op 14 januari 1991 (de datum van de daartoe strekkende beslissing van de ambtenarenrechter), dan wel op de dag vóór 1 juli 1991 (het einde van de overeengekomen termijn). Welke van deze data de juiste is, kan thans in het midden blijven. Want of nu de ene dan wel de andere datum wordt aangehouden, in ieder geval op 1 januari 1992 was de zojuist bedoelde 6-maands verjaringstermijn van art. 7:683 BW verstreken. En nu de dagvaarding niet eerder is uitgebracht dan op 22 april 2010, en nu niet gesteld is dat de verjaring vóór 1 januari 1992 is gestuit, moet daarom de conclusie zijn dat de Gemeente zich met recht op verjaring heeft beroepen."

In mijn optiek was het dienstverband gebaseerd op een vaste ambtelijke aanstelling op grond van het Ambtenarenreglement Amsterdam, in de functie van aspirant personenvervoerder, die beheerst werd door de arbeidsovereenkomst in de functie van bureau-ambtenaar wegens bijzondere omstandigheden van de positie waarin ik was.

De arbeidsovereenkomst werd gesloten omdat een aanstelling in ambtelijke dienst formeel werd gedwarsboomd. Het lijkt erop dat die via rechtspraak verkregen vaste ambtelijke aanstelling op grond van het Ambtenarenreglement Amsterdam de civiele arbeidsovereenkomst opzij heeft geschoven. Maar dat larderen met mijn rechtspositie had ook anders kunnen uitpakken.

Inmiddels is dat dikke dossier in het recycling systeem terecht gekomen.

Colofon

    Redactie en tekstcorrecties: Pierre Heijboer
                                         Kitty Terpstra
                                         Scarlet Windster

    Figuur 1: de Volkskrant 14 oktober 1988

    Figuur 2: H.M van Randwijk-monument
                Kunstenaar: Gerda Christina van der Laan

    Figuur 3: Rijvaardigheidsbewijs

OVER DE AUTEUR

Julino Willem Anthony werd op 23 februari 1956 geboren op Bonaire. Daar doorliep hij de lagere school en vervolgens de LTS. Deze opleiding ronde hij op Curaçao af. Daarna volgde een bedrijfsopleiding bij Shell Curaçao N.V.

De liefde voor het zingen begon al op jonge leeftijd. Op Curaçao heeft hij deze hobby verder ontwikkeld.
Onder de artiestennaam William Anthony nam hij deel aan verschillende muziekactiviteiten op de eilanden en in de regio waar hij verschillende onderscheidingen won.

Anthony heeft inmiddels ook een aantal CD's in eigen beheer uitgebracht.

Deze en al zijn andere artistieke belevenissen vormen de basis voor zijn boek 'Musika Maestro'. De eerste editie verscheen in 2002. De tweede editie is bijgewerkt en in 2014 gepubliceerd. Van de auteur verscheen in 2014 ook het prozaboek 'SOBRÁ'. Hiermee toont William Anthony zijn veelzijdigheid aan.

Deze activiteiten ontplooit hij naast zijn reguliere baan.
Verder geniet hij van wat het leven te bieden heeft.

In 1986 verhuisde William Anthony naar Nederland. In 'HOEZO DISCRIMINATIE?' vertelt hij over zijn ervaringen en hoe hij omging met de opgelopen cultuurshock.

www.ingramcontent.com/pod-product-compliance
Lightning Source LLC
Chambersburg PA
CBHW060415290526
45791CB00002B/766